Sandwichs gourmands

Guy Saint-Jean Éditeur
3440, boul. Industriel
Laval (Québec) Canada H7L 4R9
450 663-1777
info@saint-jeanediteur.com
www.saint-jeanediteur.com

....

**Catalogage avant publication de Bibliothèque et Archives
nationales du Québec et Bibliothèque et Archives Canada**

Desjardins, Anne L., 1959-
Sandwichs gourmands
Comprend un index.
ISBN 978-2-89455-826-3
1. Sandwichs. 2. Livres de cuisine. I. Titre.
TX818.D47 2014   641.84   C2014-940395-X

....

Nous reconnaissons l'aide financière du gouvernement du Canada
par l'entremise du Fonds du livre du Canada (FLC) ainsi que celle
de la SODEC pour nos activités d'édition.

Gouvernement du Québec — Programme de crédit d'impôt
pour l'édition de livres — Gestion Sodec

© Guy Saint-Jean Éditeur inc., 2014
Édition: Élise Bergeron
Correction d'épreuves: Audrey Faille
Conception graphique: Christiane Séguin
Photographies: Dominick Gravel
Styliste culinaire et accessoires: Anne-Louise Desjardins
Assistant-styliste: Laurent J. Lavigne

Dépôt légal — Bibliothèque et Archives nationales du Québec,
Bibliothèque et Archives Canada, 2014
ISBN: 978-2-89455-826-3
ISBN PDFi: 978-2-89455-827-0

Distribution et diffusion
Amérique: Prologue
France: Dilisco S.A.
Belgique: La Caravelle S.A.
Suisse: Transat S.A.

Imprimé au Canada
1re impression, avril 2014

 Guy Saint-Jean Éditeur est membre de
l'Association nationale des éditeurs de livres (ANEL).

ANNE-LOUISE DESJARDINS

Sandwichs gourmands

PHOTOS DE DOMINICK GRAVEL

Guy Saint-Jean
ÉDITEUR

Remerciements

Ce livre est le fruit d'un travail d'équipe qui s'est déroulé dans le plaisir, en compagnie d'amis très chers.

Merci à Jean Paré et Nicole Saint-Jean, qui m'offrent un formidable terrain de jeu pour mes créations et un appui sans faille pour me permettre de réaliser certains rêves. C'est un bonheur de faire partie de la sympathique équipe de Guy Saint-Jean Éditeur!

Merci à Élise Bergeron, ma géniale éditrice, avec qui j'espère pouvoir développer bien des projets dans les années à venir. Tu as toutes les qualités et je me trouve vraiment chanceuse de pouvoir te compter dans ma vie!

Merci à la dynamique équipe des ventes, qui fait l'impossible pour diffuser mon travail avec bonne humeur et compétence.

Merci à mon globe-trotter de photographe, Dominick Gravel, qui sait si bien mettre en valeur mes créations.

Merci à mon homme, Laurent Lavigne, toujours à mes côtés et prêt à m'aider.

Merci à mon fils Guillaume, à ma belle-fille Anne et à mes deux amours, Léonard et Romain, qui donnent un sens à mon travail et à mon amour de la cuisine.

À mes amis Céline, Jacques, Jean-Pierre, Andrée et Adé, à Jean-Luc et Linda pour la complicité, les encouragements, la vaisselle et les tests sans fin, pas toujours 100 % réussis...

À ma mère, Ninon, avec qui tout a commencé...

PLANÈTE SANDWICH

Qui n'aime pas mordre dans un délicieux sandwich ? Le sandwich est toujours bienvenu dans la boîte à lunch et les pique-niques, et il nous sauve la vie quand on doit préparer un repas rapidement. Accompagné d'une soupe ou d'une salade, il satisfait les plus gros appétits. Qui plus est, le sandwich est économique. Que demander de plus ?

Pendant ce temps, en Europe...

Le sandwich est aussi la forme de restauration minute la plus populaire du monde. Aux États-Unis seulement, on en consommerait pas moins de 300 millions quotidiennement selon Julie Murphree, spécialiste des tendances marketing et professeure à l'Arizona State University. En Europe, cette popularité ne se dément pas non plus, puisque selon la British Sandwich Association, on vend la bagatelle de 1,69 milliard de sandwichs chaque année en Grande-Bretagne, contre 2 milliards dans l'Hexagone. Cela équivaut à 64 sandwichs vendus chaque seconde dans chaque pays, mais représente seulement la moitié de la consommation totale de sandwichs, puisque l'autre moitié serait préparée à la maison et consommée soit sur place, soit comme repas à emporter au travail ou à l'école.

Autres régions, autres sandwichs

D'ailleurs, cette popularité ne se limite pas à quelques régions du globe : tous les pays du monde auraient leurs sandwichs favoris, ce qui ne les empêche pas de faire de fréquents et pratiques emprunts à d'autres cultures : shawarma au bœuf, shish-taouk au poulet, pita aux falafels du Moyen-Orient sont consommés autant à Bangkok qu'à Montréal ou à Miami, tout comme la baguette jambon-beurre française, le *ham and cheese* britannique, le panino italien, le BLT ou le club-sandwich américains, la bratwurst (saucisse) allemande, le doner kébab turc à l'agneau, le gyros grec au bœuf et à l'agneau ou le banh mi vietnamien (poulet, porc ou crevettes).

Le sandwich est devenu le mets le plus polyglotte qui soit. Et si certaines spécialités régionales comme le barros luco chilien au bœuf et au fromage, le bosna autrichien à la saucisse de porc, le jibarito portoricain à la viande et au plantain ou la zapiekanka polonaise aux champignons et à la viande sont moins connues à l'échelle de notre petite planète, elles n'en reflètent pas moins l'intérêt de chaque peuple à adapter ce mets pratique à ses spécialités locales.

UNE HISTOIRE VIEILLE COMME LE MONDE

L'histoire du sandwich est tout aussi fascinante que sa capacité à s'adapter à toutes les situations du quotidien et à tous les types de traditions culinaires, tout en reflétant le besoin de simplifier la préparation de certains repas.

On devrait l'ancêtre du sandwich à l'ingéniosité du rabbin Hillel l'Ancien qui, au 1er siècle de notre ère, aurait préparé une mixture de noix, d'herbes amères, de pommes et de vinaigre qu'il aurait placée entre deux tranches de matzoh (pain sec sans levain) pour symboliser le côté amer de l'esclavage du peuple juif avant sa fuite de l'Égypte.

Dès le Moyen Âge, en Angleterre comme en France, on empilait tout le contenu du repas, viande, fromage, légumes, sur d'épais blocs de pain qui tenaient lieu d'assiette. On mangeait ensuite le pain imbibé des jus de ce copieux repas ou on le jetait aux mendiants, voire aux chiens, si on n'avait plus faim. Pendant des siècles, on a simplement surnommé ces créations improvisées « pain et viande » ou « pain et fromage », comme en témoignent différents poèmes et pièces de théâtre, dont celles de Shakespeare.

Le génie de Lord Sandwich

Mais le sandwich tel qu'on le connaît aujourd'hui est né en 1762 et serait une création de John Montague, quatrième comte de Sandwich, responsable de l'amirauté britannique et mécène du capitaine Cook, qui découvrit notamment l'archipel d'Hawaï. La légende raconte que, joueur impénitent au point de ne pouvoir quitter la table de jeu même pour se sustenter, John Montague aurait eu l'idée de disposer le bœuf salé (corned-beef) dont il était friand entre deux tranches de pain grillé afin d'éviter de se tacher les doigts et ainsi mieux tenir ses cartes. Ses compagnons de jeu se mirent rapidement à demander aux cuisiniers du London's Beef Steak Club où ils tenaient leurs parties de poker « Servez-moi la même chose que Sandwich ! ».

Le biographe de John Montague, N.A.M. Rodger, réfute cette histoire qui donne une réputation plus au moins enviable à son sujet, arguant plutôt que l'idée de glisser ainsi du corned-beef entre deux morceaux de pain grillé serait plutôt venue à Lord Sandwich parce qu'il travaillait pendant de très longues heures à son bureau et qu'il n'aimait pas s'interrompre pour manger. Quoi qu'il en soit, le terme sandwich est bel et bien un héritage de ce noble britannique. Ses descendants ont d'ailleurs lancé dernièrement en Angleterre une chaîne de sandwicheries qui porte son nom.

L'Amérique entre dans le bal

L'historienne de la cuisine américaine Linda Stradley raconte, pour sa part, que la première version américaine du sandwich fut introduite au milieu du XIXe siècle par une Britannique (Elizabeth Leslie). Dans son livre de cuisine Directions for Cookery, paru en 1840, celle-ci donnait la recette d'un sandwich au jambon en guise de plat principal d'un repas. Le sandwich devint d'autant plus populaire aux États-Unis que, dès 1928, les boulangeries commencèrent à vendre du pain en tranches, simplifiant ainsi la confection de ces repas rapides qui devinrent instantanément des favoris à emporter pour les écoliers et les ouvriers.

ANATOMIE D'UN SANDWICH RÉUSSI

À l'heure de la mondialisation, le sandwich s'internationalise, empruntant des ingrédients aux cultures méditerranéennes, asiatiques, indiennes ou sud-américaines en les mêlant souvent avec des ingrédients locaux. Ces pains farcis, rendus séduisants par toutes sortes de garnitures originales et différentes, jouent avec une foule d'éléments des traditions gourmandes des deux hémisphères pour faire exploser en bouche différentes saveurs et textures. C'est le secret d'un bon sandwich: il faut le concevoir comme autant de couches de saveurs et de textures qui se superposent.

Du pain et du bon !

D'abord, le pain. C'est la base, l'incontournable. Il doit être bien frais, avec une croûte craquante, mais pas trop dure, et une mie tendre, mais qui se tient. Les possibilités sont, pour ainsi dire, illimitées: à la baguette croustillante, au pain en tranches classique avec lequel on prépare les traditionnels grilled cheese et club-sandwichs ou aux petits pains au lait avec lesquels on prépare les petits pains fourrés des buffets de première communion s'ajoutent dorénavant les tranches de miche au levain ou au blé entier, aux noix, au fromage, aux olives ou aux fines herbes, le pain au seigle pâle ou noir, les pains empereurs de grains entiers ou de farine blanche, les petits pains croûtés italiens ou portugais dont on fait d'exquis sandwichs au poulet, les pitas, les pains azymes, les tortillas de farine ou de maïs, les bagels, les petits pains briochés, ceux à sous-marins ou à paninis grillés, les muffins anglais, la focaccia ou le pain naan.

Optez pour des pains de qualité et amusez-vous à varier les choix et les styles. Vous aurez déjà une base solide et délicieuse sur laquelle créer votre sandwich.

DE QUOI TARTINER

Bien sûr, on peut tartiner son pain de beurre, de moutarde et de mayonnaise. Mais on peut aussi créer toutes sortes de garnitures et de tartinades qui contribueront à donner de la personnalité à vos créations. Les choix ne manquent pas : tapenade, pesto traditionnel au basilic, à la coriandre ou aux tomates séchées, tahini aux graines de sésame, tzatziki au yogourt et au concombre, guacamole, salsa, bruschetta, pâte d'anchois ou de poivrons doux, ketchup aux fruits, chutney indien, voire tartinades de fruits permettent de s'amuser et d'empêcher la routine de s'installer. Mélangez ces garnitures à de la mayonnaise, de la crème sure ou de la moutarde ou utilisez-les séparément, selon le style de sandwich recherché et l'envie du moment. Vous obtiendrez ainsi une couche de saveur supplémentaire et originale.

De la texture et de la couleur

J'aime ajouter des légumes et parfois, aussi, des fruits à mes sandwichs pour leur donner du croquant, de la couleur, une saveur plus complexe et une meilleure valeur nutritive. Ici aussi, le choix est presque illimité, surtout lorsqu'on s'amuse à combiner différents ingrédients frais. Cela permet d'aller au-delà de la laitue iceberg ou des tranches de tomate. Pensez tranches de concombre, de radis, carotte, rutabaga, chou ou panais râpés, betteraves rôties, rondelles d'oignon rouge, de poivron ou de piment fort, champignons en tranches, cuits ou crus, courgette, aubergines rôties, asperges grillées, etc. Les pommes, les poires, les mangues, les oranges, les grains de grenade ou les raisins sont souvent délicieux en garniture d'un sandwich.

Ajoutez également de la verdure, avec pousses vertes (radis, tournesol, etc.), miniépinards, mâche, miniroquette, laitue Boston, romaine ou frisée, de la scarole ou de l'endive hachée.

Incontournables protéines

Bien sûr, les protéines sont un autre joueur-vedette des sandwichs gourmets. Et si le jambon est un grand favori, il ne faut pas craindre de sortir des sentiers battus en mélangeant plusieurs viandes, en utilisant des fromages différents, comme le brie ou une pâte persillée, voire en s'offrant un sandwich chaud.

Les légumineuses permettent aussi de nombreuses créations originales, réduites en purée ou préparées en sauce comme dans un chili, tout comme le tofu, émietté ou grillé à la poêle, les œufs durs, le poisson et les fruits de mer.

Mayonnaise maison

Il ne faut que quelques minutes pour faire sa mayonnaise maison, tellement meilleure
que les préparations commerciales. Vous pouvez aussi l'agrémenter de pesto, de zeste de citron,
d'ail ou de tapenade, la mélanger à du yogourt nature, de la moutarde ou de l'huile de sésame rôti
pour créer de nouvelles pâtes à tartiner ou une trempette, en un rien de temps.
La mayonnaise se conservera jusqu'à une semaine au réfrigérateur dans
un contenant hermétique, mais elle ne se congèle pas.

POUR UN PEU PLUS DE 500 ML (2 TASSES) DE MAYONNAISE
PRÉPARATION : 10 MINUTES • CUISSON : AUCUNE

2 jaunes d'œuf
30 ml (2 c. à soupe) de moutarde de Dijon
15 ml (1 c. à soupe) de jus de citron
15 ml (1 c. à soupe) de vinaigre de vin blanc
1 c. à thé (à café) de sel
1 c. à thé (à café) de poivre blanc
500 ml (2 tasses) d'huile de canola* (colza) ou d'huile d'olive vierge (ou un mélange des deux)

❶ Dans la jarre du mélangeur, verser les jaunes
d'œuf, la moutarde, le jus de citron, le vinaigre,
le sel et le poivre, et mélanger pendant
30 secondes. Sans cesser de mélanger,
ajouter l'huile en un très mince filet continu.
Mélanger jusqu'à émulsion complète.

✱ HUILE DE CANOLA
Utilisez une huile de canola (ou de colza) biologique
de préférence, car elle est dépourvue d'OGM
(organisme génétiquement modifié).

TRUCS POUR RÉUSSIR
SES SANDWICHS

✳

Envelopper les sandwichs
dans du papier parchemin de
préférence à des sacs de plastique ;
cela évitera la condensation et
l'humidité, qui enlèvent le côté
croustillant à la croûte.

✳

Quand vous faites congeler du pain,
assurez-vous de retirer tout l'air
du sac ; ou mieux : enveloppez
le pain dans de la pellicule de
plastique ou du papier d'aluminium
pour éviter tout contact avec l'air.
Congeler le moins longtemps
possible (1 à 2 semaines,
idéalement, et jusqu'à 1 mois).

✳

Trancher le pain
juste avant de préparer
vos sandwichs
à l'aide d'un couteau à pain
(à lame dentelée).

✳

Toujours laisser les ingrédients
périssables et sensibles
à la contamination au réfrigérateur
jusqu'à la toute dernière minute :
viandes froides, poisson fumé,
mayonnaise, fromage, œufs durs
doivent demeurer à une
température de 4 °C jusqu'au
moment de préparer
vos sandwichs.

*

Pour des paninis ou des grilled cheese croustillants et bien dorés, toujours préchauffer le presse-panini ou la poêle avant d'y déposer les sandwichs. Cuire à feu moyen en plaçant une assiette munie d'un poids (boîte de conserve) si vous utilisez une poêle afin que le fromage ait le temps de fondre sans que le pain brûle.

*

Règle générale, les garnitures à sandwichs qui contiennent de la viande ou du poisson haché, de la mayonnaise ou une sauce quelconque ne se conservent pas plus de 24 à 36 heures au réfrigérateur.

*

Les tartinades à base de fromage à la crème, de légumes, de moutarde et de mayonnaise se conservent jusqu'à 3 jours au réfrigérateur, à condition qu'elles ne contiennent ni viande ni poisson. Elles ne se congèlent pas.

*

Lorsque vous préparez des sandwichs pour la boîte à lunch, séparez les viandes ou les fromages en portions individuelles, que vous emballerez dans de la pellicule de plastique. Cela vous fera gagner du temps.

1

Sandwichs gourmands
à la viande

Toutes les formes de viandes permettent de créer de savoureux sandwichs. Aux charcuteries (jambon, bacon, saucisson, pâté, saucisse, bœuf, bison ou cerf fumés) s'ajoutent toutes sortes de coupes de viande fraîche. Après les incontournables rôtis de bœuf ou de porc froids, la gourmandise nous dicte de donner un petit côté gastronomique au sandwich à la viande en le servant chaud.

Ces dernières années, la popularité de la cuisine bistro a d'ailleurs remis au goût du jour ces classiques que sont le sous-marin au bœuf et aux champignons rôtis, le sandwich au porc effiloché, les croûtons à la viande des Grisons et au fromage ou les burgers gourmands. Sans oublier les emprunts aux cuisines du monde avec les tacos, les boulettes de porc aigres-douces ou au bœuf à l'italienne, voire la saucisse et la choucroute. Et puis, il y a le lapin, qu'on apprivoise peu à peu, et l'agneau, plus populaire que jamais grâce à l'apport de la cuisine du Moyen-Orient et des pays méditerranéens comme la Grèce et la Turquie. Aucun doute : jumelés à une généreuse garniture de légumes, les sandwichs à la viande ont vraiment de quoi pavoiser !

Muffulettas siciliennes

Du nom du pain sicilien saupoudré de sésame avec lequel on la fait, la muffuletta est un copieux sandwich né de l'imagination d'un épicier d'origine sicilienne établi à La Nouvelle-Orléans. Nous sommes au début du XXᵉ siècle, des ouvriers siciliens viennent acheter leur repas du midi chez cet épicier : pain, charcuteries, fromages, légumes marinés. Un midi, pour transformer ce repas encombrant en plat pratique et facile à manger, il leur aurait proposé de placer les garnitures entre deux moitiés de pain. Plusieurs couches de charcuteries italiennes sont donc superposées en alternance avec des légumes marinés et du fromage. Si possible, on chauffe quelque peu la préparation au four pour permettre au fromage de fondre. Un régal, qu'on peut aussi préparer avec des petits pains croûtés ordinaires !

4 MUFFULETTAS • PRÉPARATION : 20 MINUTES • CUISSON : 10 MINUTES (FACULTATIF)

4 petits pains ronds italiens

80 g (⅓ de tasse) de pesto de tomates séchées

12 tranches de capicollo*

12 tranches de salami

8 tranches de mortadelle

4 tranches de provolone

4 moitiés de poivrons rouges grillés

12 tranches d'aubergines marinées, égouttées

125 g (½ tasse) d'olives noires, dénoyautées

15 g (4 c. à soupe) de feuilles d'origan

50 g (1 tasse) de miniroquette

❶ Trancher les pains à l'horizontale et tartiner l'intérieur avec le pesto. Garnir avec le reste des ingrédients, dans l'ordre, en les faisant se chevaucher.

❷ Envelopper les muffulettas dans de la pellicule de plastique et laisser reposer au réfrigérateur pendant au moins 1 heure pour permettre aux saveurs de se mélanger.

❸ Préchauffer le four à 180 °C/350 °F/ th 4. Retirer la pellicule de plastique. Placer les pains sur la grille du centre pendant 10 minutes ou jusqu'à ce que le fromage soit légèrement fondu et que la croûte soit croustillante.

Variante

Vous pouvez aussi préparer une muffuletta géante pour un buffet ou un pique-nique. Choisir une miche italienne de 25 cm à 30 cm (10 po à 12 po) de diamètre. Couper la calotte du pain à 5 cm (2 po) du haut de la miche. Évider la calotte. Retirer un peu de mie du pain en préservant 5 cm (2 po) tout autour, de manière à former un gros bol. Tartiner l'intérieur de pesto, puis garnir avec le reste des ingrédients, dans l'ordre. Refermer la calotte en pressant légèrement sur le pain. Envelopper dans du papier d'aluminium. Préchauffer le four à 180 °C/350 °F/th 4 et réchauffer le pain garni pendant 15 minutes ou laisser reposer pendant 1 heure au réfrigérateur avant de découper en pointes.

✴ CAPICOLLO

Le capicollo, aussi appelé *coppa,* est une salaison d'échine de porc populaire en Italie et en Corse. Le capicollo est vendu dans certains supermarchés et dans les épiceries italiennes.

Sandwichs argentins au bœuf rôti et sauce chimichurri

8 SANDWICHS • PRÉPARATION : 30 MINUTES • CUISSON : 2 HEURES 30 MINUTES • MARINADE : 24 HEURES

Marinade

250 ml (1 tasse) de malbec

30 ml (2 c. à soupe) de moutarde de Dijon

4 gousses d'ail, écrasées et hachées finement

1 pincée de flocons de piment

60 ml (4 c. à soupe) d'huile d'olive vierge

Sel et poivre du moulin

1 pièce de bœuf à braiser de 1 kg (2 lb) environ

Sauce chimichurri*

½ botte (½ tasse) de persil frisé

½ botte (½ tasse) de coriandre

15 g (4 c. à soupe) d'origan frais

4 gousses d'ail, écrasées et hachées finement

1 petit oignon rouge, haché finement

60 ml (4 c. à soupe) de vinaigre de vin rouge

80 ml (⅓ de tasse) d'eau tiède

2 c. à thé (à café) de flocons de piment

Sel et poivre du moulin

250 ml (1 tasse) d'huile d'olive vierge

Sandwichs

8 petits pains ronds portugais* ou empereurs

60 ml (4 c. à soupe) de moutarde de Dijon

Sauce chimichurri

✳ **SAUCE CHIMICHURRI**
Condiment à base d'herbes fraîches (principalement du persil et de la coriandre) et de piment. Cette sauce se conserve au moins une semaine au réfrigérateur. Vous pouvez aussi la congeler dans des bacs à glaçons. Quand les cubes sont pris, les envelopper individuellement dans de la pellicule de plastique. Ils se conserveront jusqu'à 3 mois au congélateur.

✳ **PAIN ROND PORTUGAIS**
Pain croûté et légèrement aplati à la croûte bien craquante. On les trouve dans les boulangeries et les rôtisseries portugaises et on les utilise notamment pour faire les sandwichs au poulet rôti à la broche.

Marinade

❶ Dans un bol, mélanger tous les ingrédients dans l'ordre, sauf le bœuf. Ajouter le bœuf et bien l'enrober de marinade. Couvrir de pellicule de plastique et laisser reposer pendant 24 heures au réfrigérateur.

❷ Retirer le bœuf de la marinade 30 minutes avant de le cuire. (Réserver la marinade pour badigeonner la viande en cours de cuisson.) Préchauffer le barbecue à puissance maximale. Bien huiler la grille et faire saisir la viande des 2 côtés pendant 5 à 7 minutes. Éteindre un des brûleurs. Déplacer la viande du côté éteint. Refermer le couvercle et cuire pendant 2 heures, en badigeonnant la viande de marinade toutes les 15 minutes au cours de la première heure.

❸ Retirer la viande du barbecue, la déposer dans une assiette, couvrir de papier d'aluminium et laisser reposer pendant 15 minutes. Entre-temps, trancher les pains à l'horizontale. Placer la face intérieure des pains sur la grille du barbecue et faire rôtir pendant 5 à 7 minutes.

Sauce chimichurri

❹ Dans la jarre du mélangeur, mettre tous les ingrédients dans l'ordre (ajouter l'huile d'olive après le sel et le poivre pour faciliter l'émulsion). Pulser quelques secondes pour obtenir une sauce de consistance moyennement lisse. Réserver au réfrigérateur jusqu'au moment de servir.

Sandwichs

❺ Tartiner l'intérieur des pains de moutarde. Défaire la viande braisée à la fourchette. Garnir chaque pain d'une généreuse portion de viande. Servir la sauce chimichurri.

Pains plats aux merguez, garniture de courgettes à la ciboule

4 SANDWICHS • PRÉPARATION : 25 MINUTES • CUISSON : 15 MINUTES

Merguez

4 saucisses merguez

15 ml (1 c. à soupe) d'huile d'olive

Garniture de courgettes

2 courgettes moyennes, râpées grossièrement

2 ciboules* avec les tiges, hachées finement

Le jus et le zeste de 1 citron

15 ml (1 c. à soupe) d'huile d'olive

1 c. à thé (à café) de cumin moulu

1 c. à thé (à café) de coriandre moulue

15 g (4 c. à soupe) de persil frisé, haché finement

Sel et poivre du moulin

Tartinade

80 ml (⅓ de tasse) de mayonnaise

80 ml (⅓ de tasse) de mouhamara*

4 petits pains plats à hots dogs

Merguez

❶ Dans une poêle, faire griller les merguez dans l'huile d'olive à feu moyen pendant 15 minutes ou jusqu'à ce qu'elles soient bien grillées. Éponger l'excédent de gras avec du papier absorbant. Réserver au chaud.

Garniture de courgettes

❷ Entre-temps, dans un grand bol, mélanger les courgettes, les ciboules, le jus et le zeste de citron, l'huile d'olive, le cumin, la coriandre et le persil. Saler et poivrer.

Tartinade

❸ Dans un petit bol, mélanger la mayonnaise et le mouhamara. Tartiner de ce mélange les 2 faces intérieures des pains plats. Garnir ces 2 faces avec la moitié de la salade de courgettes. Déposer 1 merguez sur chaque pain, couvrir avec le reste de la salade de courgettes et refermer les pains. Servir.

✳ MOUHAMARA

Pâte de poivron rouge et de noix assez relevée très populaire dans la cuisine du Moyen-Orient. On en trouve dans la plupart des supermarchés.

✳ CIBOULE

Il existe une confusion certaine sur la manière de nommer ces petits oignons à tige verte que sont les ciboules. Chez les Québécois, ce sont le plus souvent des échalotes ou des échalotes vertes, ce qui les distingue des échalotes sèches, ici échalotes françaises. Dans plusieurs pays de la francophonie, les ciboules sont baptisées *oignons verts*. Or, les oignons verts sont beaucoup plus gros ; ce sont des oignons du début de l'été. Les échalotes, qu'on les dise sèches ou françaises, sont plutôt un bulbe recouvert d'une enveloppe brunâtre dont la saveur se situe à mi-chemin entre l'ail et l'oignon.

Pains empereurs au porc effiloché à l'érable, salade de chou crémeuse

Depuis quelques années, le porc effiloché connaît un succès fou. Comme c'est très facile à préparer et savoureux, je vous recommande ce sandwich, très populaire auprès de la gent masculine… Les restes se conservent jusqu'à trois mois au congélateur.

4 SANDWICHS • PRÉPARATION : 40 MINUTES • CUISSON : 3 HEURES 10 MINUTES • REPOS : 30 MINUTES

Porc effiloché à l'érable

Sel et poivre du moulin

1 kg (2 lb) d'épaule de porc, parée*

60 ml (4 c. à soupe) de moutarde de Dijon

30 ml (2 c. à soupe) de pâte de tomate

125 ml (½ tasse) de sirop d'érable

1 c. à thé (à café) de sambal oelek* (ou autre sauce piquante)

3 gousses d'ail, hachées finement

1 c. à thé (à café) de cannelle moulue

½ c. à thé (à café) de clou de girofle moulu

½ c. à thé (à café) de gingembre moulu

2 gros oignons rouges, en quartiers

125 ml (½ tasse) de cidre sec

250 ml (1 tasse) de bouillon de bœuf

Sandwichs

4 petits pains empereurs*

15 ml (1 c. à soupe) de moutarde de Dijon

15 ml (1 c. à soupe) de pâte de tomate

½ c. à thé (à café) de sambal oelek

Salade de chou crémeuse

320 g (2 tasses) de chou vert, émincé

1 pomme rouge avec la pelure, hachée finement

30 ml (2 c. à soupe) de vinaigre de cidre

30 ml (2 c. à soupe) de mayonnaise

15 ml (1 c. à soupe) de moutarde de Meaux

Sel et poivre du moulin

✳ PAINS EMPEREURS

Petits pains aussi appelés *pains kaiser*. On les trouve au rayon de la boulangerie de la plupart des supermarchés. Ils remplacent parfaitement les petits pains à burgers traditionnels.

Porc effiloché à l'érable

❶ Préchauffer le four à 160 °C/325 °F/th 3. Saler et poivrer le porc. Dans un bol, mélanger les 8 ingrédients suivants et enduire l'épaule de porc de cette pâte. Déposer la viande dans une lèchefrite munie d'une grille préalablement huilée. Disposer les quartiers d'oignons autour de la viande, puis verser le cidre et le bouillon sur les oignons. Couvrir et cuire au four pendant au moins 3 heures, en arrosant toutes les heures. La viande doit être très tendre.

❷ Retirer du four et laisser reposer pendant environ 30 minutes. À l'aide de 2 fourchettes, défaire la viande en filaments. Réserver au chaud.

Sandwichs

❸ Entre-temps, trancher les pains à l'horizontale et les griller au four pendant 10 minutes. Dans un bol, mélanger la moutarde, la pâte de tomate et le sambal oelek. Tartiner l'intérieur des pains de ce mélange.

Salade de chou crémeuse

❹ Dans un autre bol, mélanger tous les ingrédients de la salade de chou crémeuse. Garnir chaque sandwich d'une généreuse portion de viande, puis ajouter la salade de chou crémeuse. Déguster.

✳ SAMBAL OELEK

Le sambal oelek est une sauce chili d'origine indonésienne. Une toute petite quantité donne beaucoup de caractère à tous les plats. On peut s'en procurer dans les supermarchés, les épiceries orientales et les magasins d'alimentation naturelle.

✳ PARER

Retirer la peau et tout le gras visible.

Sous-marins au steak, champignons et poivrons verts rôtis

Voici une des recettes que mon père s'amusait à préparer sur le gril lorsque j'étais enfant. Pour avoir testé sa version et la mienne, que je prépare plutôt dans une poêle sur la cuisinière, j'avoue que je préfère la mienne. La raison en est bien simple : cuite dans la même poêle que les légumes et baignée de sauce barbecue, la viande est plus juteuse et elle prend une délicieuse saveur légèrement sucrée ! Sans rancune, papa ?

4 SOUS-MARINS • PRÉPARATION : 35 MINUTES • CUISSON : DE 30 À 35 MINUTES

60 ml (4 c. à soupe) d'huile d'olive, divisée*

1 oignon, émincé finement

1 poivron vert, en fines lanières

4 gousses d'ail, hachées finement

250 g (3 tasses) de champignons de Paris, en tranches

500 g (1 lb) de bifteck d'aloyau

4 pains à sous-marins

1 c. à thé (à café) de sauce Tabasco (facultatif)

15 ml (1 c. à soupe) de moutarde de Dijon

125 ml (½ tasse) de sauce barbecue

Sel et poivre du moulin

✳ DIVISÉE

Qu'on ajoute à la préparation en plus d'une étape (deux ou trois), selon le cas.

❶ Dans une poêle, chauffer 15 ml (1 c. à soupe) d'huile d'olive à feu moyen-vif et faire dorer l'oignon pendant 8 minutes. Ajouter le poivron vert et l'ail, et poursuivre la cuisson à feu vif pendant 5 minutes. Saler et poivrer. Retirer du feu et réserver dans une assiette.

❷ Dans la même poêle, chauffer 15 ml (1 c. à soupe) d'huile d'olive à feu vif et faire dorer les champignons, sans trop remuer, pendant 5 minutes. Saler et poivrer. Ajouter au mélange réservé.

❸ Dans la même poêle, chauffer le reste de l'huile à feu moyen-vif et saisir la viande pendant 5 à 7 minutes de chaque côté ou jusqu'à ce qu'elle soit cuite, mais encore très rosée. Retirer du feu. Saler et poivrer généreusement et laisser reposer pendant 5 minutes avant de trancher contre le grain.

❹ Préchauffer le gril du four. Trancher les pains à sous-marins à la verticale et faire griller pendant 3 à 5 minutes.

❺ Entre-temps, remettre la poêle à feu moyen-vif. Ajouter la sauce Tabasco, la moutarde, la sauce barbecue, les légumes et la viande. Réchauffer en mélangeant délicatement pendant 3 à 5 minutes. Garnir les pains avec le mélange de viande et de légumes. Servir immédiatement.

Doners kébabs d'agneau à la menthe et au yogourt

Le doner kébab est une spécialité turque. De minces morceaux de viande (mouton, agneau ou veau)
sont marinés pendant 24 heures dans le lait et les épices, puis enfilés sur de longues broches
jusqu'à la formation d'un cône de viande. La viande est ensuite grillée à la verticale sur un tournebroche,
puis coupée en morceaux très fins. Les Libanais ont leur propre version, à base de bœuf (shawarma)
ou de poulet (shish-taouk). Les Grecs se sont aussi inspirés de ce plat pour créer le souvlaki.
Quant à moi, j'ai puisé mon inspiration à la fois chez les Turcs et chez les Grecs !

**4 DONERS KÉBABS • PRÉPARATION : 40 MINUTES • CUISSON : 15 MINUTES
MARINADE : DE 6 À 12 HEURES • RÉFRIGÉRATION : 3 HEURES**

Doners kébabs

Le jus de 2 citrons

4 gousses d'ail, écrasées et hachées

15 g (4 c. à soupe) de menthe fraîche, hachée finement

180 g (¾ de tasse) de yogourt nature

Sel et poivre du moulin

1 pincée de flocons de piment

500 g (1 lb) d'agneau, en cubes de 2,5 cm (1 po)

4 brochettes de bois

4 pains à doners kébabs* (ou pitas)

Tzatziki

250 g (1 tasse) de yogourt nature

½ concombre anglais, pelé et épépiné

4 gousses d'ail, écrasées et hachées

Le zeste de 2 citrons

2 ciboules avec les tiges, hachées finement

15 g (4 c. à soupe) de menthe fraîche, hachée finement (et un peu plus pour garnir)

15 g (4 c. à soupe) d'aneth, haché finement (et un peu plus pour garnir)

Sel et poivre du moulin

✳ PAINS À DONERS KÉBABS

Pains turcs plats et ronds beaucoup plus épais que les pitas grecs. On les trouve dans certains supermarchés et dans les épiceries méditerranéennes. Vous pouvez les remplacer par des pitas.

Doners kébabs

❶ Mélanger dans un bol le jus de citron, l'ail, la menthe, le yogourt, le sel et le poivre, et les flocons de piment. Ajouter l'agneau et bien l'enrober. Couvrir de pellicule de plastique et laisser mariner au réfrigérateur pendant 6 à 12 heures.

❷ Trente minutes avant la cuisson de l'agneau, tremper les brochettes de bois dans un bol d'eau froide pour éviter qu'elles ne brûlent. Égoutter. Retirer l'agneau de la marinade et enfiler la viande sur les brochettes.

❸ Préchauffer le barbecue à puissance maximale. Huiler la grille et cuire les brochettes pendant environ 15 minutes, en les retournant pour griller la viande sur toutes les faces. Retirer du feu, réserver dans une assiette et couvrir de papier d'aluminium. Laisser reposer pendant 5 minutes.

❹ Éteindre le barbecue. Réchauffer les pains dans le barbecue éteint pendant environ 3 minutes. Étendre une généreuse portion de tzatziki sur le pain réchauffé, puis y déposer la viande d'une brochette. Parsemer de menthe et d'aneth. Servir avec une salade de tomates, d'oignons doux et d'épinards.

Tzatziki

❺ Tapisser un tamis fin d'une étamine ou de filtres à café en papier et le déposer au-dessus d'un bol. Y verser le yogourt et laisser égoutter au réfrigérateur pendant 3 heures. Jeter le liquide obtenu et verser le yogourt dans un bol. Hacher finement le concombre et ajouter au yogourt, avec le reste des ingrédients. Couvrir d'une pellicule de plastique et placer au réfrigérateur.

Paninis coréens au bœuf barbecue et au kimchi

4 PANINIS • PRÉPARATION : 20 MINUTES • CUISSON : 10 MINUTES
MARINADE : DE 12 À 24 HEURES

Bœuf mariné

30 g (2 c. à soupe) de cassonade ou de sucre roux

30 ml (2 c. à soupe) de sauce soya à teneur réduite en sodium

30 ml (2 c. à soupe) de vinaigre de yuzu*

4 gousses d'ail, hachées finement

1 morceau de gingembre de 5 cm (2 po), pelé et râpé finement

½ c. à thé (à café) de flocons de piment

½ c. à thé (à café) de poivre noir moulu

15 ml (1 c. à soupe) d'huile de sésame grillé

500 g (1 lb) de bœuf, coupé en fines lanières (haut de ronde, surlonge ou macreuse)

Sandwichs

4 petits pains de type ciabatta

80 ml (⅓ de tasse) de mayonnaise

4 tranches de havarti

180 ml (¾ de tasse) de kimchi* du commerce

✳ YUZU

Petit agrume asiatique semblable à une mandarine.
On en fait un vinaigre très parfumé qu'on trouve dans
les épiceries fines ou asiatiques.

Bœuf mariné

❶ Dans un bol de verre, mélanger tous les ingrédients. Ajouter la viande dans la marinade et bien l'enrober. Couvrir de pellicule de plastique et laisser mariner au réfrigérateur de 12 à 24 heures.

❷ Préchauffer le barbecue à puissance maximale ou chauffer à feu vif une poêle à fond strié enduite d'huile d'olive. Retirer la viande de la marinade. Huiler la grille du barbecue et saisir la viande rapidement pendant 4 à 5 minutes, en retournant souvent.

❸ Retirer la viande du feu, déposer dans une assiette et couvrir de papier d'aluminium. Laisser reposer pendant 5 minutes.

Sandwichs

❹ Entre-temps, trancher les pains à l'horizontale et tartiner l'intérieur de mayonnaise. Ajouter le fromage sur la moitié inférieure et déposer les pains sur la grille du barbecue. Cuire pendant 5 minutes. Retirer du feu, déposer dans des assiettes, puis ajouter la viande et le kimchi. Refermer les sandwichs en pressant bien. Servir.

✳ KIMCHI

Condiment indispensable et emblématique de la cuisine coréenne. Comparable à la choucroute pour les Allemands, le kimchi est un mélange qui est préparé avec du chou nappa, de la pâte de crevettes et de la poudre de chili coréenne, mélange qu'on laisse fermenter au réfrigérateur. On trouve des versions plus ou moins piquantes de ce condiment dans les épiceries asiatiques.

Sandwichs au confit de lapin et à la marmelade d'oranges amères

4 SANDWICHS • PRÉPARATION : 35 MINUTES • CUISSON : 15 MINUTES

2 cuisses de lapin confites

80 ml (⅓ de tasse) de bouillon des cuisses de lapin

2 ciboules avec les tiges, hachées finement

60 g (4 c. à soupe) de marmelade d'oranges

80 ml (⅓ de tasse) de mayonnaise

30 ml (2 c. à soupe) de moutarde de Dijon

Sel et poivre du moulin

4 morceaux de baguette de 25 cm (10 po)

200 g (7 oz) d'emmenthal, en tranches

100 g (2 tasses) de miniroquette

❶ Dans une poêle, chauffer à feu doux les cuisses de lapin dans leur gras, avec le bouillon, pendant 15 minutes. Prélever 80 ml (⅓ de tasse) du bouillon. Réserver. Retirer les cuisses de lapin de la poêle et les laisser refroidir suffisamment pour pouvoir les manipuler. Désosser les cuisses de lapin. Effilocher la chair à l'aide de 2 fourchettes. Mettre la viande dans un bol.

❷ Dans un autre bol, mélanger le bouillon réservé, les ciboules, la marmelade, la mayonnaise et la moutarde à l'aide d'un fouet. Ajouter la moitié de cette préparation à la viande et bien mélanger. Saler et poivrer.

❸ Trancher les morceaux de baguette à l'horizontale. Tartiner les 2 faces intérieures avec le reste de la préparation à la marmelade. Sur la moitié inférieure des morceaux de baguette, répartir la préparation à la viande. Ajouter l'emmenthal, puis la miniroquette. Refermer les sandwichs et servir.

Sous-marins ouverts aux boulettes en sauce marinara

4 SOUS-MARINS • PRÉPARATION : 45 MINUTES • CUISSON : 45 MINUTES

Boulettes

200 g (7 oz) de porc haché maigre

200 g (7 oz) de veau haché maigre

1 oignon, râpé grossièrement

2 gousses d'ail, hachées finement

15 g (4 c. à soupe) de chapelure de pain frais

15 g (4 c. à soupe) de parmigiano reggiano, râpé

8 g (2 c. à soupe) de persil frisé, haché finement

½ c. à thé (à café) de thym séché

½ c. à thé (à café) d'origan séché

½ c. à thé (à café) de cumin en poudre

½ c. à thé (à café) de flocons de piment

Sel et poivre du moulin

60 ml (4 c. à soupe) d'huile d'olive

60 ml (4 c. à soupe) de vin rouge

750 ml (3 tasses) de sauce marinara

Sous-marins

4 pains à sous-marins

60 g (4 c. à soupe) de pesto

8 tranches de fontina*

15 g (4 c. à soupe) de feuilles de basilic entières

Boulettes

❶ Dans un bol, mélanger les 11 premiers ingrédients. Saler et poivrer. Façonner des boulettes un peu plus petites que des balles de golf. Dans une poêle à fond épais, chauffer l'huile et cuire les boulettes à feu moyen-vif pendant 10 minutes jusqu'à ce qu'elles soient bien dorées.

❷ Déglacer la poêle avec le vin rouge, puis ajouter la sauce marinara. Porter à ébullition. Réduire le feu au minimum et laisser mijoter à découvert pendant 25 minutes.

Sous-marins

❸ Entre-temps, préchauffer le four à 220 °C/425 °F/th 7. Trancher les pains à l'horizontale et les ouvrir en papillon. Tartiner les 2 faces avec le pesto et garnir avec les tranches de fontina. Mettre les pains garnis sur une plaque de cuisson et faire gratiner au four pendant 10 minutes.

❹ Retirer les pains du four et déposer dans des assiettes. Répartir les boulettes de viande et la sauce sur les 2 faces, puis garnir de basilic. Ne pas refermer les sous-marins. Servir avec un couteau et une fourchette. Accompagner d'une salade verte.

✱ **FONTINA**

Fromage de lait de vache à pâte semi-ferme au léger goût de noisette et originaire de la Vallée d'Aoste, en Italie. Vous pouvez le remplacer par du provolone ou de la mozzarella râpée.

Sandwichs au pain de viande de veau

Au Québec, le pain de viande fait partie des aliments réconfort de nombreuses familles. On le sert souvent avec une purée de pommes de terre et un légume vert. Avec les restes, on fait souvent de la sauce à spaghetti. Essayez-le en sandwich (chaud ou froid) et vous serez conquis. Après cuisson, le pain de viande se conserve trois jours au réfrigérateur. Vous pouvez aussi le trancher en portions individuelles, que vous envelopperez dans une pellicule de plastique. Ces portions se conserveront jusqu'à trois mois au congélateur.

4 SANDWICHS • PRÉPARATION : 25 MINUTES • CUISSON : 1 HEURE 15 MINUTES

Pain de viande

500 g (1 lb) de veau haché maigre

1 œuf

30 g (½ tasse) de chapelure de pain frais

1 petit oignon rouge, haché finement

1 tige de céleri, hachée finement

1 carotte, râpée finement

2 gousses d'ail, écrasées et hachées finement

30 ml (2 c. à soupe) de moutarde de Dijon

45 ml (3 c. à soupe) de pâte de tomate

½ c. à thé (à café) de sauce Tabasco

1 c. à thé (à café) de thym frais

15 g (4 c. à soupe) de persil frisé, haché finement

Sel et poivre du moulin

60 ml (4 c. à soupe) de ketchup ou de sauce chili, pour garnir

30 g (2 c. à soupe) de cassonade ou de sucre roux, pour garnir

Sandwichs

8 tranches de pain à sandwichs

60 ml (4 c. à soupe) de mayonnaise

30 ml (2 c. à soupe) de moutarde de Dijon

8 tranches de tomates, pour garnir

2 gros cornichons à l'aneth, tranchés finement, pour garnir

8 feuilles de laitue, pour garnir

Pain de viande

❶ Préchauffer le four à 180 °C/350 °F/th 4. Dans un bol, mélanger tous les ingrédients du pain de viande, sauf le ketchup et la cassonade. Huiler légèrement un moule à pain. Verser la préparation dans le moule. Tasser légèrement la préparation pour lui donner la forme d'un pain.

❷ Cuire au centre du four pendant 40 minutes. Mélanger le ketchup et la cassonade. Retirer le pain de viande du four. À l'aide d'une cuillère, retirer l'excédent de gras qui aurait pu s'accumuler sur les côtés et à la surface. Badigeonner le dessus du pain du mélange de ketchup et de cassonade. Remettre au four pendant 30 minutes.

❸ Au sortir du four, retirer de nouveau l'excédent de gras. Couvrir de papier d'aluminium et laisser reposer pendant environ 10 minutes.

Sandwichs

❹ Entre-temps, griller le pain sous le gril pendant 3 ou 4 minutes. Badigeonner avec la mayonnaise et la moutarde. Couper 4 tranches épaisses de pain de viande et les déposer sur la moitié des tranches de pain. Garnir de tomates et de cornichons. Ajouter 2 feuilles de laitue sur chaque sandwich. Refermer les sandwichs et servir avec une salade de chou.

Petits pains à la mousse de jambon de mon amie Geneviève

Quand j'étais adolescente, à Noël ou à Pâques, l'amoureuse de mon grand frère apportait toujours une merveilleuse mousse de jambon. D'une texture fine et onctueuse, c'était une des vedettes du buffet, un régal sur des craquelins ou des petits pains ! J'en ai longtemps gardé un souvenir nostalgique jusqu'au jour où j'ai eu l'idée de simplement contacter sa propriétaire pour lui demander de bien vouloir me confier, 40 ans plus tard, sa précieuse recette familiale afin de la partager avec vous ! Chère Geneviève, merci du fond du cœur pour ce délicieux cadeau !

8 PETITS PAINS • PRÉPARATION : 25 MINUTES • CUISSON : 20 MINUTES • REPOS : 4 HEURES

1 sachet (1 c. à soupe) de gélatine neutre

80 ml (⅓ de tasse) d'eau froide

2 jaunes d'œufs

¾ c. à thé (à café) de sel

1 pincée de poivre de Cayenne

1 c. à thé (à café) de moutarde sèche

1 boîte de 284 ml (10 oz) de consommé de bœuf

250 g (1 tasse) de jambon, haché

60 g (4 c. à soupe) d'oignon, haché finement

60 ml (4 c. à soupe) de mayonnaise

8 petits pains au lait

❶ Faire gonfler la gélatine dans l'eau froide pendant 5 minutes.

❷ Entre-temps, dans une petite casserole, mélanger les jaunes d'œufs, le sel, le poivre de Cayenne, la moutarde sèche et le consommé de bœuf à l'aide d'un fouet. Mettre sur feu moyen-doux et cuire pendant 20 minutes, en remuant constamment, jusqu'à épaississement. Le mélange sera très chaud.

❸ Retirer du feu, ajouter la gélatine gonflée et bien remuer pour dissoudre complètement. Plonger la casserole dans un bain d'eau glacée et remuer constamment jusqu'à ce que la préparation ait refroidi.

❹ Verser la préparation dans la jarre du mélangeur avec le jambon, l'oignon et la mayonnaise. Mélanger jusqu'à l'obtention d'une mousse. Verser dans un bol et laisser prendre pendant au moins 4 heures au réfrigérateur.

❺ Couper les petits pains à la verticale et farcir avec la mousse de jambon ou servir sur des tartines, avec des crudités et un verre de bulles.

Tartines grillées des montagnards comme une raclette

4 TARTINES • **PRÉPARATION : 10 MINUTES** • **CUISSON : 20 MINUTES**

4 tranches épaisses de miche au levain

60 ml (4 c. à soupe) de moutarde au vin rouge

375 g (12 oz) de comté vieilli 18 mois, en tranches fines

2 échalotes sèches, émincées

12 tranches de viande des Grisons

8 carottes, râpées finement

8 g (2 c. à soupe) de persil frisé, haché finement

30 ml (2 c. à soupe) de vinaigre de framboise

60 ml (4 c. à soupe) d'huile d'olive

Sel et poivre du moulin

12 cornichons fins, pour garnir

12 petits oignons marinés, pour garnir

❶ Préchauffer le four à 220 °C/425 °F/th 7. Tartiner chaque tranche de pain avec la moutarde et les faire griller au four pendant 10 minutes.

❷ Répartir la moitié du fromage sur le pain, parsemer d'échalotes émincées, puis ajouter les tranches de viande des Grisons en les faisant se chevaucher légèrement. Ajouter le reste du fromage et cuire au four pendant 10 minutes ou jusqu'à ce que le fromage soit doré.

❸ Entre-temps, dans un bol, mélanger les carottes avec le persil, le vinaigre et l'huile d'olive. Saler et poivrer. Servir les tartines grillées avec une portion de carottes râpées, des cornichons et des oignons marinés.

Sandwichs « British » au rôti de bœuf, stilton et cresson, mayonnaise au raifort

4 SANDWICHS • PRÉPARATION : 25 MINUTES • CUISSON : AUCUNE

Mayonnaise au raifort

125 g (½ tasse) de stilton, émietté

125 g (½ tasse) de fromage à la crème pommade*

60 ml (4 c. à soupe) de mayonnaise

1 c. à thé (à café) de raifort en pot*

1 c. à thé (à café) de sauce Worcestershire

8 g (2 c. à soupe) de menthe fraîche, hachée finement

Sandwichs

8 tranches de miche de blé entier

1 pomme Granny Smith

15 ml (1 c. à soupe) de jus de citron

1 concombre anglais

375 g (12 oz) de rôti de bœuf froid, en tranches fines

100 g (2 tasses) de cresson

Sel et poivre du moulin

Mayonnaise au raifort

❶ Dans un bol, mélanger tous les ingrédients et tartiner généreusement les tranches de pain.

Sandwichs

❷ Couper les pommes en tranches fines et les arroser de jus de citron. Saler et poivrer.

❸ À l'aide d'une mandoline, couper le concombre en tranches fines sur la longueur. Couper les tranches de nouveau afin que leur taille corresponde à celle du pain. Saler et poivrer.

❹ Sur la moitié des tranches de pain, répartir le rôti de bœuf. Garnir avec les tranches de pomme et de concombre. Ajouter le cresson et refermer les sandwichs avec les 4 tranches de pain restantes. Couper en moitiés et servir.

✱ **FROMAGE À LA CRÈME POMMADE**
   Fromage à la crème qu'on laisse ramollir à température ambiante jusqu'à l'obtention d'une texture qui s'étale facilement.

✱ **RAIFORT**
   Légume racine de la famille des crucifères (comme le brocoli, le chou et le chou-fleur) au goût très piquant. S'il est possible de le consommer frais, il demeure cependant difficile à trouver. C'est pourquoi on utilise plutôt le raifort en pot, mariné dans le vinaigre. Il sert de condiment, un peu comme la moutarde.

Pain surprise de mon enfance

Au Québec, bien des femmes de ma génération ont grandi avec le pain surprise, servi aux fêtes d'anniversaire, aux buffets de première communion, au réveillon de Noël ou pour le brunch de Pâques. Il s'agit d'un sandwich géant étagé qui a la forme d'un gâteau et dont le glaçage est une préparation au fromage à la crème. Il était particulièrement populaire dans les années 1960 et 1970, mais il revient à la mode parce que les jeunes le jugent *vintage* et qu'il est facile à faire.

**1 PAIN SURPRISE (10 À 12 PORTIONS) • PRÉPARATION : 2 HEURES
CUISSON : AUCUNE • RÉFRIGÉRATION : 1 HEURE 30 MINUTES**

Salade aux œufs

6 œufs durs, écalés et hachés finement

80 ml (⅓ de tasse) de mayonnaise

3 ciboules avec les tiges, hachées finement

1 tige de cœur de céleri, hachée finement

1 gousse d'ail, écrasée et hachée finement

Sel et poivre du moulin

Salade de poulet

250 g (8 oz) de poitrines (blancs) de poulet, cuites et hachées

1 échalote sèche, hachée finement

1 tige de cœur de céleri, hachée finement

¼ de poivron vert, haché finement

4 g (1 c. à soupe) de persil frisé, haché finement

4 g (1 c. à soupe) d'estragon frais, haché finement

80 ml (⅓ de tasse) de mayonnaise

Sel et poivre du moulin

Salade de jambon

250 g (8 oz) de jambon, cuit et haché

2 ciboules avec les tiges, hachées finement

1 tige de cœur de céleri, hachée finement

60 ml (4 c. à soupe) de mayonnaise

15 ml (1 c. à soupe) de moutarde de Dijon

Mousse de foie de volaille

250 g (8 oz) de mousse de foie de volaille pommade

30 g (2 c. à soupe) de beurre pommade

Pain surprise

1 pain tranché sur la longueur pour pain surprise*
(ou 15 tranches de pain à sandwichs)

500 g (1 lb) de fromage à la crème pommade

80 ml (⅓ de tasse) de lait ou de crème légère (15 %)

4 tiges de ciboulette, ciselées

Garniture

4 olives farcies, en tranches

Quelques tiges de ciboulette

8 g (2 c. à soupe) de persil frisé, haché finement

6 petits cornichons surs

✳ PAIN À PAIN SURPRISE

Long pain à sandwichs tranché sur la longueur. Il est offert dans la plupart des supermarchés.

Si vous utilisez du pain en tranches à sandwichs, divisez-le en trois paquets de cinq tranches et retirez les croûtes. Au moment de tartiner les préparations, placer trois tranches côte à côte en prenant soin de ne pas laisser d'espace entre elles.

Salade aux œufs, salade de poulet, salade de jambon et mousse de foie de volaille

❶ Dans un bol, mélanger tous les ingrédients de la salade aux œufs. Couvrir d'une pellicule de plastique et réserver au réfrigérateur. Dans un autre bol, mélanger tous les ingrédients de la salade de poulet et réserver au réfrigérateur. Dans un troisième bol, mélanger tous les ingrédients de la salade de jambon et réserver au réfrigérateur. Dans un quatrième bol, mélanger la mousse de foie de volaille avec le beurre pommade. Couvrir d'une pellicule de plastique et réserver à température ambiante.

Pain surprise et garniture

❷ Couper les croûtes du pain. Déposer une première tranche de pain à pain surprise dans une grande assiette de service ou sur une planche à découper. Tartiner généreusement avec la garniture aux œufs durs.

❸ Couvrir avec une deuxième tranche de pain en pressant délicatement et tartiner généreusement avec la salade de poulet. Répéter l'opération avec la préparation au jambon, puis avec la mousse de foie de volaille. Couvrir avec la dernière tranche de pain en pressant délicatement. Envelopper le pain d'une pellicule de plastique et laisser reposer pendant au moins 1 heure au réfrigérateur avant de glacer le pain surprise.

❹ Entre-temps, préparer le glaçage en mélangeant dans un bol le fromage à la crème, le lait et la ciboulette jusqu'à ce que le mélange soit crémeux et facile à tartiner.

❺ À l'aide d'une spatule, glacer uniformément le pain surprise avec le mélange de fromage à la crème en prenant soin de bien couvrir toutes les faces du pain. Décorer le pain surprise avec les tranches d'olives farcies, la ciboulette, le persil frisé haché et les cornichons. Remettre au réfrigérateur pendant environ 30 minutes avant de servir.

❻ Pour servir, couper en tranches à l'aide d'un couteau dentelé passé sous l'eau chaude entre chaque tranche pour faire de belles coupes nettes. Servir avec des crudités.

Canapés de cretons de Noël

Les cretons, très populaires au Québec, ressemblent aux rillettes françaises. Tandis que les rillettes sont faites à partir de porc en cubes longuement cuit, puis effiloché, les cretons sont cuisinés avec du porc haché et un mélange précis d'épices qui leur confèrent un goût si caractéristique. Je vous livre ici la recette préférée de ma famille. Cette préparation donnera des cretons pour préparer environ 80 canapés. Les restes se congèlent jusqu'à trois mois.

36 CANAPÉS ENVIRON • PRÉPARATION : 30 MINUTES • CUISSON : 2 HEURES
RÉFRIGÉRATION : 24 HEURES

Cretons

- 1 kg (2 lb) de porc haché mi-maigre
- 2 oignons, râpés grossièrement
- 3 gousses d'ail, hachées finement
- 125 g (2 tasses) de mie de pain de campagne de la veille
- 500 ml (2 tasses) de lait
- ½ c. à thé (à café) de clou de girofle moulu
- 1 c. à thé (à café) de cannelle moulue
- ½ c. à thé (à café) de sauge moulue
- 8 g (2 c. à soupe) de persil séché
- Sel et poivre du moulin

Canapés

- 8 à 12 tranches de pain de mie de la veille
- 125 ml (½ tasse) de confit de canneberges épicées (voir recette page 141)
- 5 branches de thym, pour garnir

Cretons

❶ Dans un faitout à fond épais, mettre tous les ingrédients. Porter à ébullition à découvert à feu moyen-doux en remuant souvent. Réduire le feu au minimum et laisser mijoter pendant 90 minutes, en remuant souvent.

❷ Retirer du feu, laisser refroidir pendant 30 minutes, puis passer la préparation au pied-mélangeur (mixeur-plongeur) quelques secondes, ou jusqu'à ce qu'elle soit homogène. Éviter de trop mélanger ; la consistance ne doit pas être trop crémeuse. Verser dans des pots de verre et réfrigérer jusqu'au lendemain.

Canapés

❸ Préchauffer le four à 200 °C/400 °F/th 6. À l'aide d'un emporte-pièce, découper des carrés ou des cercles dans les tranches de pain. Mettre les formes sur une plaque de cuisson et cuire au four pendant 20 minutes. Laisser refroidir à température ambiante.

❹ Au moment de servir, tartiner les cretons sur le pain grillé. Garnir d'un peu de confit de canneberges épicées et décorer de quelques feuilles de thym frais. Servir avec des bulles.

Croissants de pâté de campagne à la pêche

J'ai imaginé cette recette le jour où j'ai manqué de pain pour préparer un sandwich au pâté de campagne à des invités impromptus, mais affamés. Heureusement, j'avais sous la main des croissants, qui sont délicieux, mais gras. Il fallait trouver un ingrédient pour couper ce gras. Les pêches jouent ce rôle à merveille, en plus de rehausser subtilement la saveur du pâté.

4 CROISSANTS • PRÉPARATION : 20 MINUTES • CUISSON : 5 MINUTES

4 moitiés de pêches en conserve (dans du jus de fruit), égouttées et hachées

15 ml (1 c. à soupe) de miel

15 ml (1 c. à soupe) de jus d'orange

1 c. à thé (à café) de feuilles de thym

15 g (4 c. à soupe) de feuilles de menthe fraîche, ciselées

15 g (4 c. à soupe) de ciboulette, ciselée

4 croissants au beurre

375 g (12 oz) de pâté de campagne

❶ Préchauffer le four à 180 °C/350 °F/th 4.

❷ Déposer les pêches hachées dans un bol.

❸ Verser le miel dans un petit bol et chauffer au four à micro-ondes pendant environ 15 secondes ou jusqu'à ce qu'il soit chaud. Ajouter le jus d'orange et délayer à l'aide d'une fourchette. Verser sur les pêches, ajouter les fines herbes et remuer délicatement.

❹ Trancher les croissants aux trois quarts à l'horizontale en prenant soin de ne pas séparer les moitiés. Mettre les croissants ouverts sur une plaque de cuisson et réchauffer au four pendant 5 minutes.

❺ Répartir la moitié des pêches au miel et aux fines herbes sur les faces intérieures des croissants. Couper le pâté de campagne en tranches et déposer sur les pêches. Ajouter le reste des pêches et servir.

Sous-marins charcutiers

Voici une recette gourmande à souhait, qui plaira aux appétits costauds et aux amateurs de charcuteries. Vous pouvez utiliser les viandes que vous préférez et remplacer les rillettes par une mousse de foie de volaille. Parfait pour refaire le plein d'énergie après une longue randonnée en montagne ou à vélo.

4 SOUS-MARINS • PRÉPARATION : 25 MINUTES • CUISSON : AUCUNE

4 morceaux de baguette de 25 cm (10 po)

60 ml (4 c. à soupe) de moutarde de Dijon

250 g (8 oz) de rillettes du Mans*

12 tranches de jambon blanc

12 tranches de rosette de Lyon

12 tranches de saucisson sec à l'ail

12 tranches de tomates

8 à 12 feuilles de laitue batavia* ou frisée

❶ Trancher les morceaux de baguette à l'horizontale. Tartiner de moutarde l'intérieur des pains. Sur la partie inférieure, étaler les rillettes du Mans, le jambon, la rosette de Lyon et les tranches de saucisson.

❷ Répartir les tranches de tomates sur la viande. Garnir de feuilles de laitue, puis refermer en pressant légèrement.

✳ **RILLETTES DU MANS**
Spécialité de la région du Mans, dans la Sarthe, en France, ces rillettes sont préparées avec du porc qui a longuement cuit à feu très doux dans de la graisse de porc, puis qu'on a effiloché. Vous pouvez utiliser d'autres types de rillettes, comme celles de Tours, ou des rillettes de porc ordinaires, que vous trouverez chez votre boucher ou au supermarché.

✳ **LAITUE BATAVIA**
Laitue d'été en feuilles plutôt que pommée. D'un vert tendre, la batavia a un goût légèrement sucré. Le pourtour de ses feuilles est parfois dentelé et teinté de rouge.

Tacos al pastor inspirés par la famille Muñoz

Dans mon coin de campagne, je suis une assidue d'une authentique table mexicaine tenue par un jeune homme dont le père est québécois et la mère, mexicaine. Dans son petit restaurant aux couleurs ensoleillées, Eva Muñoz, la maman, et Yolanda, la tante, sont aux fourneaux, tandis que le fils, Steve, se fait un point d'honneur d'offrir des plats authentiques, qui permettent de découvrir les saveurs et les arômes typiques du Mexique.
C'est là que j'ai découvert les tacos al pastor, préparés avec de la viande de porc marinée à l'ananas. Un pur délice ! Voici ma version, inspirée par le plat dégusté chez *Famille Muñoz*, à Prévost, dans les Laurentides.

8 TACOS • PRÉPARATION : 40 MINUTES • CUISSON : DE 25 À 35 MINUTES • MARINADE : DE 12 À 24 HEURES

Marinade

½ boîte de 796 ml (28 oz) d'ananas en dés dans leur jus

½ oignon, haché finement

2 gousses d'ail, écrasées et hachées

2 piments en sauce adobo*, hachés finement

45 ml (3 c. à soupe) de sauce adobo

1 c. à thé (à café) de sel

1 c. à thé (à café) de cumin moulu

1 c. à thé (à café) de graines de coriandre moulues

Sel

1 filet de porc de 500 g (1 lb), paré

Tacos

½ boîte de 796 ml (28 oz) d'ananas en dés, égouttés et hachés

Sel et poivre du moulin

8 tacos à la farine de maïs

125 g (½ tasse) de queso fresco*

4 ciboules avec les tiges, hachées finement

½ botte (½ tasse) de coriandre, hachée finement

✳ SAUCE ADOBO

Préparation mexicaine moyennement relevée à base de piments jalapenos rouges qui ont été fumés, puis macérés dans une sauce aux tomates et aux piments ancho. Cette sauce est vendue en conserve dans la section des produits latino-américains de la plupart des supermarchés. Elle donne une saveur de cacao aux préparations.

✳ QUESO FRESCO

Fromage doux mexicain que l'on émiette sur les tacos et que l'on utilise dans une foule de plats. Comme il est difficile à trouver, vous pouvez le remplacer par un mélange à parts égales de ricotta égouttée et de feta rincée, égouttée et émiettée.

Marinade

❶ Dans la jarre du mélangeur, mettre tous les ingrédients de la marinade, sauf le porc, et réduire en purée. Saler le porc, le placer dans un bol et bien le couvrir avec la marinade. Couvrir d'une pellicule de plastique et laisser mariner au réfrigérateur de 12 à 24 heures.

❷ Au moment de cuire la viande, allumer le barbecue à puissance maximale. Retirer le porc de la marinade et le déposer sur une grille préalablement huilée. Jeter la marinade. Griller la viande sur toutes les faces pendant 15 à 20 minutes. Éteindre un brûleur et placer la viande du côté du brûleur éteint. Poursuivre la cuisson pendant 10 à 15 minutes. Retirer le porc du barbecue, déposer dans une assiette, couvrir de papier d'aluminium et laisser reposer pendant 10 minutes.

Tacos

❸ Mettre les ananas dans un bol résistant à la chaleur et chauffer au micro-ondes pendant 2 minutes. Réserver.

❹ Avant de servir, trancher le porc contre le grain et mélanger avec les ananas réchauffés. Saler et poivrer.

❺ Réchauffer les tacos de maïs dans le barbecue encore chaud pendant quelques secondes. Garnir de queso fresco, puis ajouter le porc et les dés d'ananas. Ajouter les ciboules et la coriandre. Servir, comme chez *Famille Muñoz*, accompagné d'un riz à la tomate, de haricots frits en purée et d'une salade de tomates et d'avocat à la coriandre et à la lime.

Sandwichs indonésiens aux boulettes de porc

En Indonésie, ces savoureuses boulettes aigres-douces sont servies à l'heure de l'apéro.
J'aime aussi les préparer en plat principal, avec du riz et des légumes sautés.

6 SANDWICHS • PRÉPARATION: 40 MINUTES • CUISSON: 20 MINUTES • RÉFRIGÉRATION: 30 MINUTES

Boulettes de porc

500 g (1 lb) de porc haché maigre

3 gousses d'ail, hachées finement

3 ciboules, hachées finement

8 g (2 c. à soupe) de gingembre, pelé et haché finement

30 g (2 c. à soupe) de cassonade ou de sucre roux

30 ml (2 c. à soupe) de tamari ou de sauce soya

½ c. à thé (à café) de sambal oelek

1 œuf

30 g (½ tasse) de chapelure

15 g (4 c. à soupe) de coriandre, hachée finement

Sauce aux arachides

125 g (½ tasse) de beurre d'arachide croquant

15 g (1 c. à soupe) de miso*

30 g (2 c. à soupe) de cassonade ou de sucre roux

½ c. à thé (à café) de sambal oelek

Le jus et le zeste de 1 lime

80 ml (⅓ de tasse) de bouillon de poulet, bouillant

80 ml (⅓ de tasse) de lait de coco

Sandwichs

4 pains naans*

2 carottes, râpées finement

50 g (1 tasse) de germes de haricots mungo*

½ botte (½ tasse) de feuilles de coriandre

Boulettes de porc

❶ Dans un bol, mélanger tous les ingrédients des boulettes. Couvrir d'une pellicule de plastique et laisser reposer au réfrigérateur pendant 30 minutes.

Sauce aux arachides

❷ Entre-temps, dans un autre bol, à l'aide d'un fouet, délayer le beurre d'arachide, le miso, la cassonade, le sambal oelek et le jus de lime dans le bouillon de poulet. Ajouter le lait de coco et bien mélanger. Réserver à température ambiante.

❸ Préchauffer le four à 200°C /400°F/th 6. Façonner des boulettes de porc un peu plus petites que des balles de ping-pong. Ranger les boulettes sur une plaque de cuisson tapissée de papier parchemin et cuire au centre du four pendant 20 minutes. Retourner 1 fois, au besoin. Retirer du four et laisser reposer pendant 5 minutes.

Sandwichs

❹ Entre-temps, réchauffer les pains naans au four pendant 3 à 5 minutes. Répartir un peu de sauce aux arachides sur les pains, puis déposer 3 à 4 boulettes sur chacun. Garnir de carottes, de haricots mungo et d'un peu de sauce aux arachides. Ajouter la coriandre et servir.

✱ **PAIN NAAN**
Pain plat indien à base de farine blanche. Vous le trouverez au rayon de la boulangerie dans la plupart des supermarchés ou dans les épiceries indiennes. Si vous n'en trouvez pas, remplacez-le par du pain pita.

✱ **GERMES DE HARICOTS MUNGO**
Les germes de haricots mungo sont très populaires dans la cuisine asiatique. Il s'agit de germes de couleur blanc crème, avec une petite tête jaune. On les utilise notamment pour préparer le chop suey, et on les ajoute en garniture dans les soupes vietnamiennes *phô*.

✱ **MISO**
Pâte fermentée à base de soya, de riz, d'avoine ou d'orge très populaire dans les cuisines japonaise et végétarienne. On l'utilise pour préparer des bouillons, des vinaigrettes et des sauces. Le miso est riche en éléments nutritifs et en sodium. On le trouve dans les magasins d'alimentation naturelle ou dans les épiceries asiatiques.

Ciabattas à la saucisse italienne, tombée de poivrons et d'oignon

4 CIABATTAS • PRÉPARATION : 35 MINUTES • CUISSON : 40 MINUTES

Saucisses

30 ml (2 c. à soupe) d'huile d'olive

4 saucisses italiennes douces

Tombée de poivrons et d'oignon

½ poivron rouge, en lanières

½ poivron orange, en lanières

½ poivron jaune, en lanières

½ oignon espagnol, émincé

4 gousses d'ail, hachées finement

½ c. à thé (à café) de flocons de piment

30 ml (2 c. à soupe) de pâte de tomate

60 ml (4 c. à soupe) de vin rouge

Sel et poivre du moulin

Tapenade

125 g (½ tasse) de tapenade d'olives noires

45 ml (3 c. à soupe) de moutarde de Dijon

4 petits pains ciabattas

Saucisses

❶ Dans une poêle à fond épais, chauffer l'huile d'olive à feu moyen et cuire les saucisses pendant 20 minutes, en tournant à l'occasion. Égoutter sur du papier absorbant et réserver au chaud.

Tombée de poivrons et d'oignon

❷ Retirer l'excès de gras de la poêle et chauffer de nouveau à feu moyen. Ajouter les poivrons et l'oignon. Cuire pendant 15 minutes, en remuant à l'occasion, ou jusqu'à ce que les légumes soient tendres. Ajouter l'ail, les flocons de piment, la pâte de tomate et le vin rouge. Saler et poivrer. Porter à ébullition, puis ajouter les saucisses. Couvrir et réchauffer pendant 5 minutes.

Tapenade

❸ Entre-temps, dans un petit bol, mélanger la tapenade et la moutarde de Dijon. Trancher les pains à l'horizontale et tartiner l'intérieur de cette préparation. Garnir avec l'oignon et les poivrons, puis déposer les saucisses sur la face inférieure des ciabattas. Refermer les ciabattas en pressant légèrement. Servir.

Variante

Vous pouvez aussi ajouter un peu de mozzarella et de parmigiano reggiano râpés sur la préparation et gratiner sous le gril pendant 7 à 10 minutes.

Sandwichs réconfortants au bacon, crudités et fromage

4 SANDWICHS • PRÉPARATION : 20 MINUTES • CUISSON : 15 MINUTES

16 tranches de bacon

4 petits pains empereurs

60 ml (4 c. à soupe) de mayonnaise

30 ml (2 c. à soupe) de moutarde de Meaux

30 ml (2 c. à soupe) de ketchup

4 tranches de cheddar vieilli 5 ans

2 tomates, en tranches fines

1 concombre anglais avec la pelure, en fines rondelles

1 poivron rouge, en fines lanières

1 oignon rouge, en fines rondelles

Sel et poivre du moulin

12 tranches de piments forts marinés, pour garnir

50 g (1 tasse) de pousses vertes (radis, tournesol, etc.), pour garnir

❶ Préchauffer le four à 220 °C/425 °F/th 7.

❷ Dans une poêle, cuire le bacon à feu moyen pendant environ 10 minutes ou jusqu'à ce qu'il soit croustillant, en le retournant à l'occasion. Égoutter sur du papier absorbant et réserver.

❸ Entre-temps, trancher les pains à l'horizontale, les mettre sur une plaque de cuisson, face intérieure vers le haut, et griller légèrement au four pendant 5 minutes.

❹ Dans un petit bol, mélanger la mayonnaise, la moutarde et le ketchup. Étendre uniformément sur les faces intérieures des pains grillés.

❺ Sur la moitié inférieure des pains, répartir le bacon, le cheddar, les tomates, le concombre, le poivron et l'oignon. Saler et poivrer. Ajouter les piments forts et couvrir de pousses vertes. Refermer les sandwichs en pressant légèrement et servir.

Bocadillos espagnols

En Espagne, les bocadillos sont des sandwichs simples à base de viande séchée et de fromage que l'on mange souvent à l'heure du midi ou en pique-nique. J'en propose ici une version un peu plus élaborée et savoureuse, que je prépare au presse-panini ou à la poêle.

2 SANDWICHS • PRÉPARATION : 20 MINUTES • CUISSON : 15 À 20 MINUTES

2 pains à paninis

30 g (2 c. à soupe) de tapenade de tomates séchées

45 g (3 c. à soupe) de pesto

6 tranches de jambon serrano

4 tranches fines de fromage manchego

8 olives noires, dénoyautées et hachées

1 tomate, en tranches

4 tranches de poivron rouge grillé et mariné dans l'huile d'olive, égouttées

4 moitiés de cœurs d'artichaut marinés dans l'huile d'olive, égouttés et coupés en 2

Sel et poivre du moulin

❶ Trancher les pains à l'horizontale. Dans un bol, mélanger la tapenade et le pesto. Tartiner les faces intérieures des pains avec cette préparation.

❷ Sur la partie inférieure des pains, répartir le jambon, la moitié du fromage, les olives et les tranches de tomate. Répartir les légumes marinés sur les tranches de tomate. Saler et poivrer. Ajouter le reste du fromage et refermer les paninis.

❸ Préchauffer le presse-panini à puissance maximale : 200 °C/400 °F/th 6. Déposer les paninis sur le gril et refermer le couvercle. Cuire pendant 5 minutes, puis réduire le feu à moyen et poursuivre la cuisson pendant 10 à 15 minutes ou jusqu'à ce que le pain soit doré et le fromage, fondu. Servir avec une salade verte.

Variante

Si vous n'avez pas de presse-panini, chauffer une poêle à fond strié à feu moyen-vif. Mettre les paninis dans la poêle chaude, puis y déposer une assiette sur laquelle vous ajoutez 2 boîtes de conserve. À mi-cuisson, retourner les paninis pour griller les 2 côtés.

Sandwichs du déjeuner à l'omelette au chorizo

Aux États-Unis, l'omelette western est préparée avec du jambon, du poivron vert et de l'oignon. C'est un classique, particulièrement apprécié dans les États du Midwest. Je m'en suis inspirée pour créer ce sandwich, parfait à l'heure du brunch. N'hésitez pas à remplacer le chorizo par du jambon fumé et à ajouter des champignons sautés au mélange de légumes.

4 SANDWICHS • PRÉPARATION : 35 MINUTES • CUISSON : 20 MINUTES

1 oignon rouge, haché finement

1 poivron rouge, haché finement

60 ml (4 c. à soupe) d'huile d'olive, divisée

100 g (3 oz) de chorizo fumé, haché finement

4 gousses d'ail, hachées finement

2 c. à thé (à café) de feuilles de thym frais

8 œufs

1 c. à thé (à café) de paprika ou de piment d'Espelette

60 ml (4 c. à soupe) de crème légère (15 %)

30 g (2 c. à soupe) de beurre

4 pains empereurs

60 ml (4 c. à soupe) de mayonnaise

15 ml (1 c. à soupe) de pâte de tomate

1 trait de sauce piquante

4 feuilles de laitue Boston, pour garnir

Sel et poivre du moulin

❶ Dans une poêle, faire sauter l'oignon et le poivron dans la moitié de l'huile d'olive à feu moyen pendant 5 minutes. Ajouter le chorizo, l'ail et le thym, et poursuivre la cuisson pendant 10 minutes. Retirer du feu, saler et poivrer. Verser dans un bol et réserver à température ambiante.

❷ Dans un bol, battre les œufs, le paprika et la crème à l'aide d'un fouet. Saler et poivrer. Remettre la poêle ayant servi à cuire les légumes et y faire chauffer, à feu moyen-vif, le reste de l'huile d'olive avec le beurre. Quand le beurre mousse, verser les œufs et laisser légèrement coaguler les côtés.

❸ Soulever un rebord de l'omelette et y faire glisser les œufs qui n'auraient pas encore pris. Ajouter les légumes sautés, couvrir, réduire le feu au minimum et laisser cuire pendant 3 à 5 minutes. Ne pas trop cuire, sinon les œufs prendront un goût de soufre.

❹ Entre-temps, préchauffer le gril du four. Trancher les pains à l'horizontale et les faire griller pendant 3 à 5 minutes. Mélanger la mayonnaise avec la pâte de tomate et la sauce piquante. Retirer les pains du four et les tartiner avec la préparation.

❺ Quand l'omelette est prête, retirer du feu et couper en 4 portions. Déposer 1 portion d'omelette sur la face inférieure de chaque pain. Garnir avec la laitue, refermer les pains et servir avec du jus de tomate.

Grilled cheese farcis à la pancetta, au brocoli et au poireau

4 GRILLED CHEESE • PRÉPARATION : 30 MINUTES • CUISSON : DE 30 À 35 MINUTES

15 ml (1 c. à soupe) d'huile d'olive

1 blanc de poireau, émincé

2 ciboules avec les tiges, hachées finement

125 g (½ tasse) de pancetta, hachée finement

Poivre du moulin

250 g (1 tasse) de très petits bouquets de brocoli

8 tranches de miche au levain

30 g (2 c. à soupe) de beurre pommade

8 tranches fines de gruyère

8 tranches fines de havarti

Variantes
Vous pouvez remplacer le gruyère par du comté et le havarti par du gouda. Vous pouvez aussi remplacer le brocoli par du chou-fleur et la pancetta par du bacon.

❶ Dans une poêle à fond épais, chauffer l'huile à feu moyen et y faire suer le poireau pendant 5 minutes. Ajouter les ciboules et la pancetta, et augmenter le feu à moyen-vif. Cuire pendant 10 minutes, en remuant constamment, ou jusqu'à ce que la pancetta soit croustillante. Ajouter le brocoli et poursuivre la cuisson pendant 5 minutes. Poivrer, au goût.

❷ Beurrer 4 tranches de pain avec la moitié du beurre pommade et les déposer à plat sur une plaque de cuisson ou dans une assiette, côté beurré en dessous. Répartir la moitié du gruyère et du havarti sur ces tranches. Garnir avec le mélange de légumes et de pancetta, en pressant légèrement. Ajouter le reste du fromage et refermer avec les tranches de pain restantes.

❸ Préchauffer le presse-panini (ou une poêle à fond strié) et y déposer délicatement les grilled cheese, côté beurré sur la plaque. Beurrer les tranches de pain du haut avec le reste du beurre pommade. Refermer le presse-panini et cuire pendant 10 à 15 minutes ou jusqu'à ce que le pain soit bien doré et le fromage, parfaitement fondu. Si vous utilisez une poêle à fond strié, presser régulièrement les grilled cheese à l'aide d'une spatule ou déposer un poids léger sur chacun. Retourner à mi-cuisson.

❹ Déposer dans des assiettes et couper en 2 à l'aide d'un couteau dentelé. Servir.

Sandwichs de luxe au bœuf fumé, choucroute et moutarde à l'ancienne

4 SANDWICHS • PRÉPARATION : 15 MINUTES • CUISSON : AUCUNE

8 tranches de pain de seigle

125 ml (½ tasse) de moutarde allemande en grains

500 g (1 lb) de poitrine de bœuf fumé

250 g (1 tasse) de choucroute, rincée et égouttée

2 poivrons rouges grillés en pot, égouttés

4 cornichons polonais, coupés en 2 sur la longueur

❶ Tartiner les tranches de pain avec la moutarde. Répartir le bœuf fumé sur la moitié inférieure des tranches de pain. Garnir avec la choucroute, puis avec les poivrons grillés.

❷ Refermer les sandwichs en pressant légèrement. Servir avec les cornichons et des frites.

Clubs-sandwichs revisités

J'aime bien m'amuser à revisiter les classiques pour en faire toutes sortes de variations sur un même thème, en fonction des produits saisonniers, de ce que j'ai sous la main et de l'envie du moment. Ce club-sandwich en est un bon exemple. Il est aussi délicieux avec des tranches de mangue au lieu des poires.

4 CLUBS-SANDWICHS • PRÉPARATION : 25 MINUTES • CUISSON : AUCUNE

1 avocat, pelé, dénoyauté et coupé en tranches fines

30 ml (2 c. à soupe) de jus de citron, divisé

1 poire japonaise*, coupée en 2, épépinée et coupée en tranches fines

125 ml (½ tasse) de mayonnaise

30 ml (2 c. à soupe) de moutarde de Dijon

15 ml (1 c. à soupe) de ketchup

12 tranches de pain à sandwichs

225 g (8 oz) de rôti de porc cuit, en tranches fines

8 tranches de havarti

12 tranches de bacon, cuites et égouttées

8 feuilles de laitue Boston ou frisée

✱ POIRE JAPONAISE

Variété de poire qui pousse au Japon et dans d'autres pays d'Asie. Elle a la forme et la texture croquante d'une pomme. Sa pelure est dorée et sa chair, sucrée. Si vous n'en trouvez pas, vous pouvez la remplacer par une pomme rouge coupée en tranches, épépinée et arrosée de jus de citron.

❶ Arroser les tranches d'avocat avec la moitié du jus de citron. Arroser les tranches de poire avec le reste du jus de citron.

❷ Dans un bol, mélanger la mayonnaise avec la moutarde et le ketchup. Réserver.

❸ Griller les tranches de pain sous le gril préchauffé ou au grille-pain. Tartiner toutes les tranches avec le mélange de mayonnaise. Sur 4 tranches de pain, répartir le rôti de porc, le havarti et les tranches de poire.

❹ Refermer avec 4 tranches de pain, côté tartiné sur le dessus. Ajouter le bacon, les tranches d'avocat et les feuilles de laitue. Refermer avec les 4 tranches de pain restantes, côté tartiné sur le dessous. Couper en 4 et servir accompagné d'une salade de carottes râpées et de brocoli à l'huile d'olive.

Minipochettes à la saucisse et aux légumes racines

8 MINIPOCHETTES • PRÉPARATION: 35 MINUTES • CUISSON: 10 MINUTES

Salade de légumes racines

125 ml (½ tasse) de vinaigre de cidre

30 ml (2 c. à soupe) de miel

30 ml (2 c. à soupe) de moutarde au cidre

125 ml (½ tasse) de mayonnaise

45 ml (3 c. à soupe) d'huile d'olive

2 carottes, râpées grossièrement

½ petit rutabaga, pelé et râpé grossièrement

½ petit céleri-rave, pelé et râpé grossièrement

4 ciboules avec les tiges, hachées finement

1 c. à thé (à café) de fleur d'ail fermentée*

15 g (4 c. à soupe) d'aneth frais, haché finement

15 g (4 c. à soupe) de persil frisé, haché finement

2 c. à thé (à café) de feuilles de thym frais

Sel et poivre du moulin

Minipochettes

4 grosses saucisses fumées allemandes (de type bratwurst*)

4 pains pitas, coupés en moitiés

Salade de légumes racines

❶ Dans un bol, à l'aide d'un fouet, mélanger le vinaigre, le miel, la moutarde et la mayonnaise. Saler et poivrer généreusement. Sans cesser de fouetter, ajouter l'huile d'olive en un mince filet.

❷ Dans un autre bol, ajouter les carottes, le rutabaga, le céleri-rave, les ciboules, la fleur d'ail, l'aneth, le persil et le thym. Saler et poivrer. Verser la vinaigrette sur les légumes et mélanger pour bien les enrober. Laisser reposer à température ambiante.

Minipochettes

❸ Réchauffer les saucisses fumées à la vapeur pendant 10 minutes. Retirer du feu. Couper les saucisses en 2 sur la longueur, puis en morceaux de 1 cm (½ po) d'épaisseur. Ajouter les morceaux au mélange de légumes racines et mélanger délicatement.

❹ Ouvrir les moitiés de pita, de manière à former des pochettes. Farcir avec la salade de légumes racines à la saucisse. Servir avec une bière allemande et des frites belges.

✳ **SAUCISSES BRATWURST**

Il existe sur le marché une grande variété de saucisses allemandes au porc, au bœuf ou faites d'un mélange des deux, comme les bratwurst, qui sont fumées et qui ressemblent à de grosses saucisses à hot dog. Vous pouvez utiliser la variété que vous préférez, mais les saucisses fumées sont excellentes avec cette salade parfumée à l'aneth. Si possible, les acheter dans une charcuterie. Elles n'en seront que meilleures.

✳ **FLEUR D'AIL FERMENTÉE**

Fleur d'ail conservée dans l'huile et vendue en pot. Son goût unique et délicat, légèrement sucré, n'a rien à voir avec celui de la fleur d'ail fraîche, plus proche de l'oignon. Si vous n'en trouvez pas, omettez-la, tout simplement.

Petits pains à la portugaise au saucisson chorizo et au chou frisé braisé

4 SANDWICHS • **PRÉPARATION : 35 MINUTES** • **CUISSON : 30 MINUTES**

1 oignon rouge, émincé finement

60 ml (4 c. à soupe) d'huile d'olive

250 g (8 oz) de saucisson chorizo, en petits dés

60 ml (4 c. à soupe) de porto blanc (ou de vin blanc)

320 g (2 tasses) de chou frisé*, émincé

½ c. à thé (à café) de thym séché

4 gousses d'ail, hachées finement

1 c. à thé (à café) de piment d'Espelette

Sel et poivre du moulin

4 petits pains ronds portugais

4 tranches de havarti

✳ CHOU FRISÉ

Le chou frisé connaît une popularité extraordinaire depuis quelques années grâce à son contenu très élevé en antioxydants et en vitamines, dont la vitamine K. On l'utilise dans les soupes, les sautés et les boissons énergisantes. Plusieurs cuisiniers francophones continuent de l'identifier, à tort, sous son appellation anglaise de *kale*. En français, on dit plutôt *chou frisé*.

❶ Dans une poêle à fond épais, faire suer l'oignon dans l'huile d'olive pendant 5 minutes à feu moyen-doux. Augmenter le feu à moyen-vif, ajouter le chorizo et cuire pendant 10 minutes, en remuant souvent.

❷ Mouiller avec le porto, ajouter le chou, le thym, l'ail et le piment d'Espelette et poursuivre la cuisson pendant 5 minutes, à découvert, en remuant souvent, ou jusqu'à ce que le liquide soit presque complètement évaporé. Saler et poivrer.

❸ Préchauffer le four à 180 °C/350 °F/th 4. Couper les petits pains à l'horizontale et déposer le fromage sur la partie inférieure. Ajouter le mélange de chou braisé.

❹ Mettre les pains garnis sur une plaque de cuisson et cuire au four pendant 10 minutes ou jusqu'à ce que le fromage soit fondu. Refermer le sandwich et servir.

Sandwichs gourmands
à la volaille

Au Québec, le poulet demeure la protéine animale la plus appréciée et la plus largement consommée. Cela s'explique par la diversité de coupes disponibles, par la qualité de la viande produite chez nous et par la grande polyvalence de cette volaille maigre et économique. Depuis quelques années, le canard a aussi gagné en popularité grâce à sa chair savoureuse et à certaines recettes rendues populaires par la cuisine française : rillettes, canard confit, foie gras, magrets rôtis ou séchés et fumés. Le canard est une de mes viandes favorites, surtout en version séchée et fumée ou confite. Sa texture moelleuse et son goût bien affirmé conviennent parfaitement à celui du pain et ils se marient magnifiquement avec les fruits comme les pommes, les oranges ou la mangue.

Mais on peut aussi s'amuser à imaginer des sandwichs à base de dindon, de pintade, de caille ou de faisan. Toutes les volailles permettent de préparer des sandwichs raffinés en un tournemain. Ce sont des joueuses d'équipe, qui seront bien entourées aussi avec les crudités ou le fromage. Les essayer, c'est les adopter.

Clubs-sandwichs gourmets au poulet et au guacamole

4 CLUBS-SANDWICHS • PRÉPARATION : 25 MINUTES • CUISSON : 10 MINUTES

Guacamole

2 avocats, pelés et dénoyautés

Le jus et le zeste de 1 lime

1 c. à thé (à café) de cumin moulu

½ c. à thé (à café) de poivre de Cayenne

15 g (4 c. à soupe) d'oignon rouge, haché

2 gousses d'ail, hachées finement

8 g (2 c. à soupe) de coriandre, hachée finement

Sel et poivre du moulin

Clubs-sandwichs

12 tranches de bacon

4 pains ciabattas triangulaires

60 ml (4 c. à soupe) de mayonnaise

500 g (2 tasses) de poitrines (blancs) de poulet, cuites et tranchées finement

2 tomates, en tranches fines

8 champignons de Paris, en tranches fines

Sel et poivre du moulin

8 feuilles de laitue Boston

Guacamole

❶ Déposer les avocats dans un bol, avec le jus et le zeste de lime, puis écraser à l'aide d'une fourchette. Ajouter le reste des ingrédients et bien mélanger. Couvrir d'une pellicule de plastique et réserver au réfrigérateur.

Clubs-sandwichs

❷ Chauffer une poêle à feu moyen, ajouter le bacon et cuire pendant 10 minutes ou jusqu'à ce qu'il soit croustillant, en le retournant à l'occasion. Égoutter sur du papier absorbant.

❸ Couper les pains en 2 à l'horizontale et tartiner l'intérieur de mayonnaise. Répartir ensuite le guacamole sur les 2 faces intérieures des ciabattas. Sur la moitié inférieure, ajouter le poulet, le bacon, les tomates et les champignons. Saler et poivrer, au goût. Garnir avec la laitue et refermer les sandwichs. Servir.

Wraps tout simples au poulet, concombre et mangue

4 WRAPS • PRÉPARATION : 20 MINUTES • CUISSON : AUCUNE • RÉFRIGÉRATION : 30 MINUTES

500 g (2 tasses) de poitrines (blancs) de poulet, cuites et hachées finement

4 ciboules avec les tiges, hachées finement

½ poivron vert, haché finement

2 concombres libanais avec la pelure, hachés finement

1 mangue, pelée, dénoyautée et hachée finement

60 g (4 c. à soupe) de raisins secs dorés

45 ml (3 c. à soupe) de crème sure ou aigre

45 ml (3 c. à soupe) de mayonnaise

30 ml (2 c. à soupe) de moutarde de Meaux

1 c. à thé (à café) de sauce Sriracha*

8 g (2 c. à soupe) d'estragon frais, haché finement

8 g (2 c. à soupe) de menthe fraîche, hachée finement

Sel et poivre du moulin

4 grandes tortillas de farine blanche

❶ Dans un bol, mélanger tous les ingrédients, sauf les tortillas. Couvrir la préparation d'une pellicule de plastique et réserver au réfrigérateur pendant au moins 30 minutes pour permettre aux saveurs de bien se mélanger.

❷ Étendre une tortilla sur une surface de travail. Répartir le quart de la préparation sur la tortilla en laissant un espace de 5 cm (2 po) dans le bas de la tortilla. Replier le bas de la tortilla sur la garniture. Rouler la tortilla fermement. Servir avec des crudités.

✱ SAUCE SRIRACHA

La sauce chili Sriracha est un ketchup thaï composé de piments, de sucre, de vinaigre, d'ail et de sel. Elle ajoute du piquant aux plats sans masquer le goût des autres ingrédients. On peut maintenant s'en procurer dans la plupart des supermarchés et dans les épiceries orientales. Si vous n'en trouvez pas, vous pouvez la remplacer par de la sauce Tabasco ou du sambal oelek.

Ciabattas au poulet et au citron confit à la marocaine

4 CIABATTAS • PRÉPARATION : 40 MINUTES • CUISSON : 25 MINUTES

2 cuisses de poulet confites

80 ml (⅓ de tasse) de bouillon des cuisses de poulet

½ citron confit*, dessalé et haché finement

12 olives vertes, dénoyautées et hachées

1 c. à thé (à café) de cumin moulu

½ c. à thé (à café) de coriandre moulue

½ c. à thé (à café) de gingembre moulu

80 ml (⅓ de tasse) de mayonnaise

½ c. à thé (à café) de sauce harissa*

4 pains ciabattas

100 g (2 tasses) de chicorée (ou autre laitue amère)

Sel et poivre du moulin

✳ CITRON CONFIT

Condiment très souvent utilisé dans la cuisine du Moyen-Orient. On obtient le citron confit en laissant macérer le citron dans la saumure pendant plusieurs semaines. Vous en trouverez facilement dans les boutiques et les épiceries spécialisées dans l'importation de produits du Moyen-Orient.

❶ Dans une poêle, chauffer à feu doux les cuisses de poulet confites dans leur gras, avec le bouillon, pendant 15 minutes. Prélever 80 ml (⅓ de tasse) du bouillon. Réserver. Retirer les cuisses de la poêle et laisser refroidir suffisamment pour pouvoir les manipuler. Enlever la peau des cuisses et désosser. Effilocher le poulet à l'aide de 2 fourchettes. Mettre la viande dans un bol et ajouter le citron confit, les olives et les épices. Saler et poivrer. Réserver.

❷ Dans un autre bol, mélanger le bouillon réservé, la mayonnaise et la sauce harissa à l'aide d'un fouet. Ajouter la moitié de cette préparation au poulet et bien mélanger. Saler et poivrer.

❸ Préchauffer le four à 180 °C/350 °F/th 4. Réchauffer les ciabattas pendant 10 minutes. Trancher les pains à l'horizontale. Tartiner les 2 faces intérieures avec le reste de la préparation à la mayonnaise. Sur la moitié inférieure des ciabattas, répartir la préparation au poulet. Ajouter la chicorée. Refermer les sandwichs et servir.

✳ SAUCE HARISSA

Autre condiment très populaire dans tous les pays du Maghreb. Il s'agit d'une pâte de piment fort, un incontournable pour relever le bouillon du couscous ou la sauce du tajine, par exemple. Une très petite quantité suffit. Vous la trouverez vendue en tube dans tous les supermarchés.

Shish-taouks à la poitrine de dindon, sauce à l'ail comme dans la Bekaa

Au Liban, la vallée de la Bekaa est considérée comme un haut lieu de la gastronomie libanaise où l'on accorde une grande importance à la fraîcheur des ingrédients. C'est la mère d'un copain journaliste, originaire de cette magnifique région, qui m'a confié cette recette.

**4 SHISH-TAOUKS • PRÉPARATION : 50 MINUTES • CUISSON : DE 16 À 20 MINUTES
MARINADE : DE 12 À 24 HEURES**

Poitrines (blancs) de dindon marinées

4 gousses d'ail, hachées finement

1 échalote sèche, hachée finement

30 ml (2 c. à soupe) de moutarde de Dijon

60 g (4 c. à soupe) de yogourt nature

Le jus et le zeste de 2 citrons

4 branches de thym

15 g (4 c. à soupe) de coriandre, hachée finement

60 ml (4 c. à soupe) d'huile d'olive vierge

Sel et poivre du moulin

500 g (1 lb) de poitrines (blancs) de dindon sans peau

Sauce à l'ail

125 ml (½ tasse) de mayonnaise

45 g (3 c. à soupe) de tahini

Le jus et le zeste de 1 citron

4 gousses d'ail, écrasées et hachées finement

8 g (2 c. à soupe) de persil frisé, haché finement

½ c. à thé (à café) de cumin moulu

45 à 60 ml (3 à 4 c. à soupe) d'eau tiède, pour délayer

Sel et poivre du moulin

Shish-taouks

4 pains pitas moyens

8 feuilles de laitue Boston ou frisée

2 tomates, en tranches fines

125 g (½ tasse) de navet mariné*

✳ NAVET MARINÉ

Condiment incontournable de la cuisine libanaise, notamment. Vous en trouverez dans les épiceries spécialisées dans l'importation de produits du Moyen-Orient et dans certains supermarchés.

Poitrines (blancs) de dindon marinées

❶ Dans un bol de verre, mélanger tous les ingrédients de la marinade, sauf le dindon. Couper la demi-poitrine (blancs) de dindon en 2, à l'horizontale, de façon à obtenir des escalopes. Sur une surface de travail, placer les morceaux de dindon entre 2 feuilles de pellicule de plastique. À l'aide d'un maillet ou d'un rouleau à pâte, aplatir les escalopes jusqu'à environ 1 cm (½ po). Déposer le dindon dans la marinade et bien l'enrober. Couvrir d'une pellicule de plastique et laisser mariner au réfrigérateur pendant 12 à 24 heures.

Sauce à l'ail

❷ Mélanger tous les ingrédients dans un petit bol à l'aide d'un fouet. Ajouter juste assez d'eau tiède pour que la sauce ait une consistance légèrement coulante. Saler et poivrer. Réserver au réfrigérateur.

Shish-taouks

❸ Préchauffer le barbecue à puissance maximale ou placer une poêle de fonte à fond strié sur feu vif et badigeonner d'huile d'olive. Retirer le dindon de la marinade et égoutter légèrement.

❹ Déposer la viande sur la grille du barbecue ou dans la poêle et cuire pendant 8 à 10 minutes. Retourner le dindon et poursuivre la cuisson pendant 8 à 10 minutes ou jusqu'à ce que la viande soit parfaitement cuite. Retirer du feu, couvrir de papier d'aluminium et réserver au chaud.

❺ Ouvrir les pains pitas délicatement sans détacher les 2 sections. Tartiner généreusement les faces inférieures des pitas avec la moitié de la sauce à l'ail. Ajouter la laitue, puis répartir le dindon grillé, les tomates et le navet mariné. Ajouter le reste de la sauce, refermer les pitas et rouler fermement. Servir aussitôt, pendant que le dindon est encore chaud.

Tartines de foie gras de canard poêlé et sa garniture au cidre de glace

Voilà une entrée facile à réussir, à condition de savoir bien apprêter le foie gras. Le secret consiste à saisir les tranches dans une poêle très chaude, puis à terminer la cuisson à feu moyen. Trop de cuisiniers négligent cette étape en optant uniquement pour une cuisson à feu vif, ce qui ne laisse pas le temps à la chaleur de bien traverser la viande. Terminer la cuisson à feu moyen permet de caraméliser le foie gras à l'extérieur et de cuire suffisamment l'intérieur, et d'ainsi obtenir une parfaite cuisson rosée. Croyez-moi, c'est beaucoup plus appétissant ainsi !

4 TARTINES • PRÉPARATION: 30 MINUTES • CUISSON: 20 MINUTES

45 g (3 c. à soupe) de beurre

1 oignon, émincé finement

30 g (2 c. à soupe) de sucre d'érable

125 ml (½ tasse) de cidre de glace (ou de porto)

6 abricots séchés, hachés finement

4 morceaux de foie gras de 125 g (4 oz) chacun

4 tranches épaisses de pain brioché, grillé

12 noisettes, grillées et concassées

❶ Dans une poêle, faire fondre le beurre à feu moyen et sauter l'oignon jusqu'à ce qu'il commence à compoter. Ajouter le sucre d'érable et poursuivre la cuisson 2 minutes. Ajouter le porto et les abricots, et laisser réduire presque à sec. Retirer du feu et réserver à température ambiante.

❷ Chauffer une autre poêle à feu vif. Ajouter les morceaux de foie gras et les saisir d'un côté pendant 1 minute. Au besoin, retirer un peu du gras de la poêle, retourner le foie gras et cuire 1 minute. Réduire le feu à moyen et poursuivre la cuisson pendant 3 à 4 minutes. Retirer du feu et laisser reposer pendant 5 minutes.

❸ Déposer un peu de confit d'oignons sur chaque tranche de pain. Ajouter 1 morceau de foie gras et garnir de confit d'oignons et de noisettes concassées. Servir avec un verre de cidre de glace bien froid (ou de porto).

Sandwichs au dindon et bacon, chutney d'ananas

Le dindon est une viande blanche qui, comme le porc, est un excellent joueur d'équipe avec les fruits. Ceux-ci lui confèrent de la fraîcheur et de l'acidité tout en ajoutant au plat une petite touche très originale. Ici, l'ananas s'accorde aussi très bien avec l'avocat et le bacon, dont il atténue le côté gras et très fumé.

4 SANDWICHS • PRÉPARATION : 40 MINUTES • CUISSON : 30 MINUTES

Chutney d'ananas

1 oignon rouge, émincé finement

30 ml (2 c. à soupe) d'huile d'olive

60 g (4 c. à soupe) de sucre d'érable

60 ml (4 c. à soupe) de jus d'orange

Le zeste de 1 orange

Le zeste de 1 citron

½ c. à thé (à café) de cannelle

1 pincée de clou de girofle moulu

½ c. à thé (à café) de piment de la Jamaïque*

½ c. à thé (à café) de graines de coriandre

4 tranches d'ananas dans leur jus, hachées finement

Sandwichs

8 tranches de pain à sandwichs

80 ml (⅓ de tasse) de mayonnaise

60 g (4 c. à soupe) de guacamole

400 g (12 oz) de poitrines (blancs) de dindon, cuites et tranchées finement

8 tranches de bacon, cuites et égouttées

8 feuilles de laitue Boston, pour garnir

Sel et poivre du moulin

Chutney d'ananas

❶ Dans une poêle, sauter l'oignon dans l'huile d'olive à feu moyen pendant 10 minutes. Ajouter le reste des ingrédients. Réduire le feu au minimum et laisser compoter pendant environ 20 minutes.

Sandwichs

❷ Entre-temps, préchauffer le gril du four. Griller les tranches de pain sous le gril. Mélanger la mayonnaise avec le guacamole. Saler et poivrer. Tartiner le mélange sur toutes les tranches de pain.

❸ Étaler les tranches de dindon sur le pain. Saler et poivrer. Couvrir d'une généreuse couche de chutney. Ajouter le bacon, la laitue et refermer les pains. Servir avec des frites de patates douces.

✳ PIMENT DE LA JAMAÏQUE

Épice abondamment utilisée dans la cuisine des Caraïbes. Broyé, il développe des arômes de gingembre, de clou de girofle, de poivre et de muscade. Aussi connu sous les noms de *toute-épice*, *quatre-épices* ou *all spice* en anglais.

Baguettes tout canard à la mousse de foie gras et aux clémentines

Si vous décidez d'apporter ce sandwich dans votre boîte à lunch pour rendre jaloux vos collègues,
placez la miniroquette et les tranches de clémentines dans un contenant à part
et n'assemblez qu'au moment où vous êtes prêt à déguster votre repas.

4 SANDWICHS • **PRÉPARATION : 20 MINUTES** • **CUISSON : AUCUNE**

4 morceaux de baguette multigrains de 25 cm (10 po)

500 g (1 lb) de mousse de foie gras de canard

60 ml (4 c. à soupe) de jus de clémentine (ou d'orange)

16 tranches de canard fumé et séché, le gras retiré

16 tranches de saucisson de canard

4 clémentines, pelées et coupées en tranches

100 g (2 tasses) de miniroquette

❶ Trancher les morceaux de baguette à l'horizontale. Réserver. Dans un bol, mélanger la mousse de foie gras avec le jus de clémentine jusqu'à ce que la préparation soit homogène et crémeuse.

❷ Tartiner généreusement les 2 faces intérieures des morceaux de baguette avec la mousse de foie gras aux clémentines. Sur les faces inférieures des pains, répartir le canard fumé et séché, le saucisson et les tranches de clémentines. Garnir de miniroquette et refermer les sandwichs. Servir.

Satays de poulet, sauce aux arachides sur pains naans

4 PORTIONS • PRÉPARATION : 35 MINUTES • CUISSON : 18 MINUTES • MARINADE : DE 1 À 3 HEURES

Poitrines (blancs) de poulet marinées

1 c. à thé (à café) de sauce Sriracha

Le jus et le zeste de 1 lime

Le jus et le zeste de 1 orange

2 gousses d'ail, écrasées et hachées finement

15 ml (1 c. à soupe) de vinaigre de riz

30 ml (2 c. à soupe) de sauce soya

30 ml (2 c. à soupe) de sirop d'érable

30 ml (2 c. à soupe) d'huile de sésame rôti

500 g (1 lb) de poitrines (blancs) de poulet sans peau

4 brochettes de bois

Sauce aux arachides

125 g (½ tasse) de beurre d'arachide croquant

1 c. à thé (à café) de sauce Sriracha

30 ml (2 c. à soupe) de ketchup

80 ml (⅓ de tasse) de jus d'orange

30 ml (2 c. à soupe) de sauce soya

15 ml (1 c. à soupe) de vinaigre de riz

Satays

4 pains naans

100 g (2 tasses) de germes de haricots mungo

2 carottes, râpées grossièrement

2 ciboules avec les tiges, hachées finement

15 g (4 c. à soupe) de feuilles de coriandre

Variante

Si vous n'avez pas de barbecue, cuire la viande pendant 8 minutes des 2 côtés dans une poêle à fond strié très chaude vaporisée d'enduit antiadhésif.

Poitrines (blancs) de poulet marinées

❶ Dans un bol, mélanger tous les ingrédients de la marinade à l'aide d'un fouet, sauf le poulet et les brochettes. Couper le poulet sur la longueur en languettes de 2,5 cm (1 po) de largeur environ et déposer dans la marinade. Remuer pour bien enrober le poulet. Couvrir d'une pellicule de plastique et laisser mariner au réfrigérateur pendant 1 à 3 heures.

Sauce aux arachides

❷ Dans un autre bol, mélanger tous les ingrédients de la sauce aux arachides à l'aide d'un fouet. Couvrir d'une pellicule de plastique et réserver au réfrigérateur.

❸ Faire tremper les brochettes de bois dans l'eau froide pendant 30 minutes. Préchauffer le barbecue à puissance maximale. Retirer le poulet de la marinade et le piquer sur les brochettes.

❹ Huiler la grille du barbecue et y déposer les brochettes de poulet. Cuire pendant 10 minutes, en badigeonnant de marinade dans les 5 premières minutes de cuisson. Jeter le reste de la marinade. Retourner les brochettes et poursuivre la cuisson pendant 8 minutes ou jusqu'à ce que le poulet soit cuit. Retirer du feu et couvrir les brochettes de papier d'aluminium. Laisser reposer pendant 5 minutes.

Satays

❺ Entre-temps, éteindre le barbecue et y déposer les pains naans. Réchauffer pendant 3 minutes, puis tartiner avec la moitié de la sauce aux arachides. Garnir chaque pain avec une brochette de poulet et arroser avec le reste de la sauce. Répartir ensuite les germes de haricots mungo, les carottes râpées, les ciboules et la coriandre et servir.

Fajitas au poulet, aux oignons et aux poivrons

8 FAJITAS • PRÉPARATION : 45 MINUTES • CUISSON : DE 25 À 30 MINUTES

60 ml (4 c. à soupe) d'huile d'olive, divisée

500 g (1 lb) de poitrines (blancs) de poulet, en fines lanières

2 oignons rouges, émincés

1 poivron rouge, émincé

1 poivron orange, émincé

3 gousses d'ail, hachées finement

1 c. à thé (à café) de cumin moulu

1 c. à thé (à café) de paprika fumé

Le jus de 1 lime

8 tortillas moyennes à la farine

250 ml (1 tasse) de salsa moyenne

250 g (1 tasse) de guacamole du commerce

250 g (1 tasse) de monterey jack, râpé

125 ml (½ tasse) de crème sure ou aigre

½ botte (½ tasse) de coriandre

Sel et poivre du moulin

❶ Dans une poêle, chauffer la moitié de l'huile d'olive à feu vif et cuire le poulet pendant 10 minutes en remuant constamment. Saler, poivrer et transférer dans une assiette. Couvrir de papier d'aluminium et laisser reposer pendant 10 minutes à température ambiante.

❷ Remettre la poêle sur le feu et cuire les oignons à feu moyen dans le reste de l'huile pendant 5 minutes. Ajouter les poivrons, l'ail, le cumin et le paprika, et cuire pendant 5 minutes. Ajouter le poulet et poursuivre la cuisson à feu moyen-vif pendant 5 minutes. Mouiller avec le jus de lime et cuire 2 minutes de plus. Saler et poivrer généreusement, et réserver au chaud.

❸ Entre-temps, préchauffer le four à 180 °C/350 °F/ th 4. Envelopper les tortillas dans du papier d'aluminium et réchauffer pendant 10 minutes.

❹ Sur chaque tortilla, répartir un peu de salsa et de guacamole. Ajouter la préparation de poulet et de légumes en laissant un espace de 5 cm (2 po) dans le bas de la tortilla. Garnir de fromage râpé, de crème sure et de coriandre. Rouler la tortilla en repliant d'abord le bas sur la garniture. Servir.

Sandwichs au poulet à la vietnamienne

4 SANDWICHS • PRÉPARATION: 25 MINUTES • CUISSON: 30 MINUTES
MARINADE: DE 6 À 12 HEURES • REPOS: 1 HEURE

Hauts de cuisses de poulet marinés

60 ml (4 c. à soupe) de tamari ou de sauce soya

60 g (4 c. à soupe) de cassonade ou de sucre roux

45 ml (3 c. à soupe) de vinaigre de cidre

45 ml (3 c. à soupe) de sauce hoisin

½ c. à thé (à café) de sambal oelek

1 morceau de gingembre de 5 cm (2 po), pelé et râpé finement

2 gousses d'ail, écrasées et hachées finement

125 ml (½ tasse) de bouillon de poulet, chaud

45 ml (3 c. à soupe) d'huile de sésame grillé

6 hauts de cuisses de poulet désossés et sans peau

4 petits pains au sésame

Garniture de légumes marinés

2 ciboules avec les tiges, hachées finement

30 ml (2 c. à soupe) de vinaigre de riz

30 ml (2 c. à soupe) de jus de lime

30 g (2 c. à soupe) de sucre

1 pincée de flocons de piment

50 g (1 tasse) de germes de haricots mungo

1 carotte, râpée finement

1 poivron rouge, en fines lanières

½ botte (½ tasse) de coriandre, hachée finement

60 g (4 c. à soupe) d'arachides, rôties et hachées

Hauts de cuisses de poulet marinés

❶ Dans un bol, mélanger tous les ingrédients de la marinade à l'aide d'un fouet. Ajouter le poulet et bien l'enrober. Couvrir d'une pellicule de plastique et laisser mariner au réfrigérateur pendant 6 à 12 heures.

❷ Retirer le poulet de la marinade et l'égoutter. Mettre la marinade dans une petite casserole et porter à ébullition à feu moyen-doux. Couvrir et cuire pendant 5 minutes à feu doux, retirer du feu et laisser refroidir.

❸ Entre-temps, préchauffer le barbecue à puissance maximale. Huiler la grille et cuire le poulet pendant 5 minutes, le retourner et cuire 5 minutes de plus. Éteindre un brûleur et placer le poulet du côté du brûleur éteint. Poursuivre la cuisson pendant 10 minutes ou jusqu'à ce que la température atteigne 74 °C/165 °F à cœur.

❹ Déposer le poulet dans une assiette, couvrir de papier d'aluminium et laisser reposer pendant 5 minutes.

❺ Couper les pains à l'horizontale et badigeonner l'intérieur avec la marinade réduite et refroidie. Répartir le poulet sur les pains. Égoutter les légumes marinés et déposer sur le poulet. Parsemer de coriandre et d'arachides. Servir.

Garniture de légumes marinés

❻ Une heure avant de préparer les sandwichs, mélanger tous les ingrédients de la garniture et laisser reposer pendant 1 heure à température ambiante.

Variante

Si vous n'avez pas de barbecue, utilisez une poêle à fond strié enduite d'huile d'olive. Saisir le poulet à feu vif pendant 5 minutes par côté, puis réduire le feu, couvrir et poursuivre la cuisson pendant 10 minutes à feu moyen.

Sandwichs au poulet fumé et aux pommes sur pain pumpernickel

4 SANDWICHS • PRÉPARATION : 25 MINUTES • CUISSON : AUCUNE

1 pomme Honey Crisp ou Gala avec la pelure, en fines rondelles
30 ml (2 c. à soupe) de jus de citron
250 g (1 tasse) de fromage à la crème
30 ml (2 c. à soupe) de moutarde de Dijon
1 c. à thé (à café) de graines de céleri
8 tranches de pain pumpernickel*
125 g (½ tasse) d'olives farcies, en tranches fines
16 tranches de poulet fumé
½ oignon rouge, en fines rondelles
100 g (2 tasses) de pousses vertes (radis, tournesol, etc.)

*** PAIN PUMPERNICKEL**
Pain de seigle noir d'origine allemande qui est aussi très populaire dans le nord de l'Europe. Très foncé, il a un goût légèrement aigre. Sa saveur s'harmonise bien avec celle des fruits, de la volaille ou des poissons fumés. Vous le trouverez au rayon de la boulangerie de la plupart des supermarchés.

1. Arroser les rondelles de pommes de jus de citron. Laisser reposer pendant 5 minutes, puis éponger avec du papier absorbant.
2. Dans un bol, mélanger le fromage à la crème, la moutarde et les graines de céleri jusqu'à ce que la préparation soit onctueuse et homogène. Tartiner les 8 tranches de pain avec ce mélange.
3. Sur la moitié des tranches de pain, répartir les olives. Ajouter le poulet, les pommes et les oignons.
4. Sur les tranches de pain restantes, répartir les pousses vertes, côté fromage, en pressant légèrement pour les faire adhérer au mélange. Déposer ces tranches délicatement sur les autres tranches. Presser légèrement, trancher à l'aide d'un couteau dentelé et servir.

Tartines de rillettes de confit de canard au vin rouge, gelée de canneberges

4 À 6 TARTINES (2 TASSES DE RILLETTES) • **PRÉPARATION : 40 MINUTES**
CUISSON : 2 HEURES 20 MINUTES • **RÉFRIGÉRATION : DE 12 À 24 HEURES**

2 cuisses de canard confites

60 ml (4 c. à soupe) de fond de canard du confit

60 ml (4 c. à soupe) de gras de canard du confit

2 gousses d'ail, hachées finement

1 échalote sèche, hachée finement

2 branches de thym

1 petite branche de romarin

1 feuille de laurier

60 ml (4 c. à soupe) de vin rouge sec

Sel et poivre du moulin

8 tranches de pain intégral (ou croûtons)

125 ml (½ tasse) de confit d'oignons

125 ml (½ tasse) de gelée de canneberges

Variante

N'hésitez pas à remplacer la gelée de canneberge par de la gelée de cassis, de raisins ou de groseilles.

❶ Préchauffer le four à 160 °C/325 °F/th 3.

❷ Retirer les cuisses de canard de leur emballage en prenant soin de récupérer le fond en gelée dans un bol. Réserver 60 ml (4 c. à soupe) de gras de canard dans un autre bol.

❸ Dans un faitout, déposer les cuisses de canard en les faisant se chevaucher. Réchauffer à feu doux pendant 15 minutes. Retirer du feu, enlever et jeter la peau. Désosser les cuisses avec soin.

❹ Remettre la viande dans le faitout avec l'ail, l'échalote sèche, les fines herbes, le fond de canard réservé, le vin rouge et le gras de canard réservé. Porter à ébullition à feu moyen-vif, couvrir et mettre au four. Cuire pendant 2 heures, en remuant à l'occasion.

❺ Retirer la viande du faitout (réserver les jus de cuisson) et laisser refroidir suffisamment pour pouvoir la manipuler. Effilocher les cuisses à l'aide de 2 fourchettes. Mettre la viande dans un bol, saler et poivrer. Filtrer les jus de cuisson dans une passoire placée au-dessus d'un bol (jeter les solides) et verser sur la viande. Mélanger délicatement, rectifier l'assaisonnement et placer la préparation dans de petits ramequins.

❻ Couvrir les ramequins de papier d'aluminium et déposer un léger poids sur chacun. Couvrir et placer au réfrigérateur pendant 12 à 24 heures. Servir sur des tranches de pain intégral avec le confit d'oignons et la gelée de canneberges à part.

Wraps à la dinde fumée et aux asperges, sauce dijonnaise

4 WRAPS • PRÉPARATION : 15 MINUTES • CUISSON : AUCUNE

80 ml (⅓ de tasse) de mayonnaise

80 ml (⅓ de tasse) de moutarde de Dijon

4 tortillas moyennes de farine de blé entier

100 g (2 tasses) de miniépinards

16 tranches de dinde fumée

24 asperges, parées* et cuites

✳ PARER LES ASPERGES

D'abord, laver les asperges. Tenir les extrémités entre les doigts. Courber les tiges. Celles-ci devraient se rompre automatiquement à la jonction des parties ligneuse et tendre.

❶ Dans un bol, mélanger la mayonnaise et la moutarde. Étendre une tortilla sur une surface de travail. Tartiner le quart de la préparation sur la tortilla, puis ajouter les miniépinards en laissant un espace de 5 cm (2 po) dans le bas de la tortilla.

❷ Ajouter les tranches de dinde en les faisant se chevaucher légèrement, tout en laissant un espace de 5 cm (2 po) dans le bas de la tortilla, comme à l'étape précédente.

❸ Disposer les asperges dans la partie supérieure gauche de la tortilla. Replier le bas de la tortilla sur la garniture et rouler fermement. Servir aussitôt avec des crudités ou envelopper le wrap dans une pellicule de plastique si vous souhaitez en faire un repas à emporter.

Sandwichs chauds au poulet grillé et à la sauce barbecue

Qui ne connaît pas les célèbres hot chicken (les sandwichs chauds au poulet)? Voici une version personnalisée qui ne se contente pas des seuls pois surgelés. Libre à vous de préparer votre sauce barbecue avec du bouillon de bœuf, des épices et de la fécule de maïs. Je l'avoue, la sauce à hot chicken en boîte reste un de mes plaisirs coupables, que je déguste une fois tous les cinq ans!

4 SANDWICHS • PRÉPARATION: 30 MINUTES • CUISSON: 45 MINUTES

2 oignons, émincés

30 ml (2 c. à soupe) d'huile d'olive

60 g (4 c. à soupe) de beurre

500 g (1 lb) de champignons de Paris, en tranches fines

4 gousses d'ail, hachées finement

Sel et poivre du moulin

250 ml (1 tasse) de bouillon de poulet

500 g (2 tasses) de poulet, cuit et effiloché

750 ml (3 tasses) de sauce à hot chicken du commerce

250 g (1 tasse) de pois verts surgelés

250 g (1 tasse) de maïs en grains surgelé

8 tranches de pain à sandwichs

❶ Dans une poêle, faire suer les oignons dans l'huile d'olive à feu moyen-doux pendant 20 minutes ou jusqu'à ce qu'ils compotent légèrement. Retirer du feu et réserver.

❷ Dans une autre poêle, chauffer le beurre à feu moyen-vif et ajouter les champignons. Cuire pendant environ 10 minutes, ajouter l'ail et cuire 2 minutes de plus. Saler et poivrer et ajouter aux oignons compotés. Réserver.

❸ Porter le bouillon de poulet à ébullition. Retirer du feu et ajouter le poulet. Couvrir, éteindre le feu et laisser reposer pendant 5 minutes pour réchauffer le poulet.

❹ Dans une petite casserole, réchauffer la sauce selon les instructions de l'emballage. Dans une autre casserole, réchauffer les pois et le maïs à feu doux pendant 5 minutes.

❺ Entre-temps, préchauffer le gril du four. Griller les tranches de pain sous le gril ou au grille-pain. Placer la moitié des tranches de pain dans 4 assiettes. Bien égoutter le poulet et le répartir sur le pain. Ajouter les oignons compotés et les champignons. Verser un peu de sauce sur la préparation pour la réchauffer. Couvrir d'une seconde tranche de pain. Arroser généreusement avec le reste de la sauce. Égoutter les petits pois et le maïs et répartir sur les sandwichs au poulet. Servir aussitôt.

Tartines grillées au canard fumé, à la purée de carottes, à la mangue et au gingembre

Comme bien des recettes toutes simples, celle-ci m'est venue quand des amis se sont invités à l'improviste après une randonnée de ski de fond qui les avait laissés affamés. Elle se prépare très rapidement, surtout si vous avez un reste de légumes cuits, que vous pouvez facilement réduire en purée. Le contraste des saveurs fumées et grillées, le fondant des carottes et l'acidité de la mangue rendent l'ensemble très satisfaisant. Servez ces tartines avec un merlot légèrement rafraîchi.

6 TARTINES • PRÉPARATION : 30 MINUTES • CUISSON : AUCUNE

250 g (1 tasse) de carottes, cuites à la vapeur et refroidies

60 ml (4 c. à soupe) de crème légère (15 %)

Sel et poivre du moulin

60 ml (4 c. à soupe) d'huile d'olive vierge

½ mangue Atulfo, pelée, dénoyautée et hachée finement

1 morceau de gingembre de 5 cm (2 po), pelé et râpé finement

4 tranches épaisses de miche au levain, grillées

18 tranches de canard fumé

50 g (1 tasse) de pousses vertes (radis, tournesol, etc.)

❶ Dans la jarre du mélangeur, mélanger les carottes et la crème. Saler et poivrer, puis verser l'huile en un mince filet. Verser dans un bol, ajouter la mangue et le gingembre. Rectifier l'assaisonnement.

❷ Tartiner généreusement le pain avec la purée de carottes. Répartir le canard fumé et garnir avec les pousses vertes. Servir.

Variantes

Si désiré, servez les tartines en canapés en prenant soin de couper chaque tranche de pain grillé en 3. Vous obtiendrez 18 canapés.

Dans cette recette, vous pouvez aussi utiliser des carottes surgelées.

Sandwichs César au poulet sur baguette, garniture de laitue romaine

4 SANDWICHS • PRÉPARATION : 30 MINUTES • CUISSON : AUCUNE

Sauce César

1 œuf, bouilli pendant 3 minutes dans sa coquille

15 ml (1 c. à soupe) de moutarde de Dijon

15 g (1 c. à soupe) de pâte d'anchois*

2 gousses d'ail, écrasées et hachées finement

1 c. à thé (à café) de sel

Le jus et le zeste de 1 citron

15 ml (1 c. à soupe) de vinaigre de vin rouge

Poivre du moulin

125 ml (½ tasse) d'huile d'olive vierge

Sandwichs

2 poitrines (blancs) de poulet désossées et sans peau, cuites

4 tranches de bacon, cuites et égouttées

4 ciboules avec les tiges, hachées finement

45 ml (3 c. à soupe) de câpres, égouttées et rincées

100 g (2 tasses) de laitue romaine, hachée finement

4 morceaux de baguette de 25 cm (10 po)

Sauce César

❶ Écaler l'œuf, retirer délicatement le blanc et le jeter. Dans un bol, déposer le jaune d'œuf mollet. Ajouter la moutarde, la pâte d'anchois, l'ail, le sel, le jus et le zeste de citron et le vinaigre. À l'aide d'un fouet, mélanger vigoureusement la préparation jusqu'à ce que le sel soit dissous. Poivrer, au goût.

❷ Ajouter l'huile d'olive en un mince filet en fouettant vigoureusement jusqu'à ce que la vinaigrette soit bien émulsifiée. Réserver au réfrigérateur.

Sandwichs

❸ Hacher le poulet et le bacon en petits dés et mettre dans un bol, avec les ciboules, les câpres et la moitié de la laitue. Ajouter la moitié de la sauce César et mélanger délicatement.

❹ Trancher les morceaux de baguette à l'horizontale. Tartiner l'intérieur avec le reste de la sauce César. Garnir avec la salade de poulet et le reste de la laitue. Servir.

✳ PÂTE D'ANCHOIS

La pâte d'anchois se vend en tube. Elle permet de gagner du temps tout en évitant le gaspillage, puisque vous n'avez pas à ouvrir une boîte complète d'anchois pour préparer votre vinaigrette César. Vous en trouverez au rayon de la poissonnerie de la plupart des supermarchés. Elle se conserve au réfrigérateur jusqu'à un mois.

Sandwichs mexicains au poulet et au maïs en sauce adobo

4 SANDWICHS • PRÉPARATION : 45 MINUTES • CUISSON : 1 HEURE 15 MINUTES

30 ml (2 c. à soupe) d'huile d'olive

1 oignon, haché finement

2 échalotes sèches, hachées finement

1 tige de céleri, hachée finement

4 hauts de cuisses de poulet désossés et sans peau

2 c. à thé (à café) de cumin moulu

1 c. à thé (à café) de coriandre moulue

2 c. à thé (à café) de poudre de cacao non sucrée

2 c. à thé (à café) de cassonade ou de sucre roux

1 piment chipotle en sauce adobo, écrasé à la fourchette

45 ml (3 c. à soupe) de sauce adobo

Le jus et le zeste de 1 lime

3 gousses d'ail, hachées finement

Sel et poivre du moulin

1 piment cubanelle*, haché finement

½ poivron rouge, haché finement

250 g (1 tasse) de maïs en grains surgelé

4 petits pains ronds

60 ml (4 c. à soupe) de mayonnaise

15 g (4 c. à soupe) de coriandre, hachée finement

❶ Dans une poêle, chauffer l'huile d'olive à feu moyen et y cuire l'oignon, les échalotes et le céleri pendant 10 minutes.

❷ Couper les hauts de cuisses en 2. Augmenter le feu et ajouter le poulet dans la poêle et cuire pendant 10 minutes. Réduire à feu moyen. Ajouter le cumin, la coriandre, la poudre de cacao, la cassonade, le piment, la sauce adobo, le jus et zeste de lime, et l'ail. Saler et poivrer, au goût.

❸ Couvrir et cuire la préparation à feu moyen-doux pendant 30 minutes, puis ajouter le piment cubanelle et le poivron rouge. Poursuivre la cuisson à découvert pendant 20 minutes. Ajouter le maïs et cuire pendant 5 minutes. Rectifier l'assaisonnement. Retirer les hauts de cuisses de la poêle et laisser refroidir suffisamment pour pouvoir les manipuler. Effilocher les hauts de cuisse à l'aide de 2 fourchettes.

❹ Juste avant de servir, trancher les petits pains à l'horizontale et les faire griller légèrement. Tartiner l'intérieur avec la mayonnaise. Répartir la préparation de poulet sur les moitiés inférieures des pains. Garnir avec la coriandre. Refermer les pains et servir.

✳ PIMENT CUBANELLE

De forme allongée et de couleur vert lime, le piment cubanelle, très populaire dans la cuisine mexicaine, est très doux. Vous pouvez le remplacer par du poivron vert.

Baguettes gourmandes au poulet et aux champignons

Récemment, j'ai découvert que les champignons crus simplement arrosés d'un jus d'agrumes rehaussent beaucoup la saveur des volailles froides, surtout si on ajoute un peu de moutarde au jus d'agrumes. Cette recette toute simple s'apporte très bien en pique-nique. Veillez simplement à mettre la salade de champignons dans un contenant à part et l'ajouter aux sandwichs juste avant de servir.

4 SANDWICHS • PRÉPARATION : 30 MINUTES • CUISSON : AUCUNE

250 g (3 tasses) de champignons de Paris, tranchés finement

1 orange, pelée et hachée très finement

1 échalote sèche, hachée finement

15 g (4 c. à soupe) de persil frisé, haché finement

125 ml (½ tasse) de mayonnaise, divisée

60 ml (4 c. à soupe) de moutarde de Dijon, divisée

Sel et poivre du moulin

4 morceaux de baguette de 25 cm (10 po)

12 tranches de poulet fumé

12 tranches de saucisson sec, au choix

4 tranches de havarti, coupées en 2

❶ Dans un bol, mélanger les champignons, l'orange, l'échalote, le persil, la moitié de la mayonnaise et la moitié de la moutarde. Saler et poivrer, au goût. Réserver.

❷ Trancher les morceaux de baguette à l'horizontale. Dans un petit bol, mélanger le reste de la mayonnaise et de la moutarde et tartiner l'intérieur des baguettes. Répartir le poulet, le saucisson et le havarti. Garnir généreusement avec la salade de champignons. Servir.

Sandwichs au poulet de style tandoori

4 SANDWICHS • PRÉPARATION : 30 MINUTES • CUISSON : 20 MINUTES • MARINADE : 12 HEURES

Poitrines (blancs) de poulet marinées au yogourt

500 g (2 tasses) de yogourt nature

1 c. à thé (à café) de cumin moulu

1 c. à thé (à café) de coriandre moulue

2 c. à thé (à café) de curcuma moulu

½ c. à thé (à café) de cardamome moulue

1 pincée de clou de girofle moulu

4 gousses d'ail, écrasées et hachées finement

1 morceau de gingembre de 5 cm (2 po), pelé et râpé finement

30 ml (2 c. à soupe) de moutarde de Dijon

45 ml (3 c. à soupe) d'huile d'arachide

1 botte (1 tasse) de feuilles de coriandre, divisée

Sel et poivre du moulin

500 g (1 lb) de poitrines (blancs) de poulet, parées

Sandwichs

60 ml (4 c. à soupe) de mayonnaise

4 gros radis, en fines rondelles

2 ciboules avec les tiges, hachées finement

Sel et poivre du moulin

4 pains naans

1 mangue, pelée, dénoyautée et tranchée finement

50 g (1 tasse) de pousses vertes (radis, tournesol, etc.)

Variante

Si vous n'avez pas de barbecue, utilisez une poêle à fond strié enduite d'huile de tournesol et procéder comme pour la cuisson sur le gril.

Poitrines (blancs) de poulet marinées au yogourt

❶ Dans un bol, mélanger tous les ingrédients de la marinade et la moitié des feuilles de coriandre (réserver 180 ml (3/4 de tasse) de la marinade dans un autre bol, couvrir d'une pellicule de plastique et placer au réfrigérateur). Saler et poivrer.

❷ Sur une surface de travail, placer les poitrines (blancs) de poulet entre 2 feuilles de pellicule de plastique. À l'aide d'un maillet ou d'un rouleau à pâte, aplatir légèrement les poitrines (blancs) de poulet et les déposer dans le bol contenant la marinade en les enrobant bien. Couvrir le bol d'une pellicule de plastique et laisser mariner au réfrigérateur pendant 12 heures.

❸ Au moment de cuire le poulet, préchauffer le barbecue à puissance maximale. Retirer le poulet de la marinade et jeter celle-ci. Huiler la grille du barbecue et cuire le poulet pendant 10 minutes de chaque côté.

❹ Retirer la viande du feu, déposer dans une assiette et couvrir de papier d'aluminium. Laisser reposer pendant 10 minutes.

Sandwichs

❺ Entre-temps, mélanger la marinade réservée avec la mayonnaise, les radis et les ciboules. Saler et poivrer. Réchauffer les pains naans pendant 3 minutes sur le barbecue. Tartiner généreusement avec la sauce au yogourt. Couper le poulet en tranches fines et déposer sur les pains. Ajouter les tranches de mangue, le reste de la coriandre et les pousses vertes. Servir.

Tartines grillées au pâté de foie de volaille, confiture d'abricots et d'oignons

Ces tartines grillées sont délicieuses à l'apéro, accompagnées d'un verre de mousseux et de cœurs de céleri.

2 TASSES DE PÂTÉ (8 À 10 TARTINES) • **PRÉPARATION: 35 MINUTES** • **CUISSON: 20 MINUTES**

Pâté de foie de volaille

2 échalotes sèches, hachées finement

1 oignon, haché finement

30 ml (2 c. à soupe) d'huile d'olive

500 g (1 lb) de foies de poulet, parés

1 branche de thym

Sel et poivre du moulin

60 ml (4 c. à soupe) de cognac

60 ml (4 c. à soupe) de crème épaisse (35 %)

30 g (2 c. à soupe) de beurre pommade

Tartines

60 ml (4 c. à soupe) de confit d'oignons

60 g (4 c. à soupe) de confiture d'abricots

8 tranches de pain de mie au levain

Pâté de foie de volaille

❶ Dans une poêle à fond épais, faire suer les échalotes et l'oignon à feu moyen-doux dans l'huile d'olive pendant 10 minutes. Augmenter le feu à moyen-vif et ajouter les foies de poulet et le thym. Cuire pendant 7 à 8 minutes ou jusqu'à ce que les foies soient dorés, mais encore rosés à l'intérieur. Saler et poivrer, ajouter le cognac et laisser réduire pendant 2 minutes. Retirer du feu et jeter le thym.

❷ Verser la préparation dans la jarre du mélangeur. Ajouter la crème et le beurre pommade, et réduire en purée lisse. Au besoin, ajouter un peu de crème. Rectifier l'assaisonnement et verser dans des ramequins. Couvrir les ramequins de papier d'aluminium et placer au réfrigérateur de 4 à 8 heures.

Tartines

❸ Au moment de servir, mélanger dans un petit bol le confit d'oignons et la confiture d'abricots. Griller les tranches de pain au grille-pain et les laisser refroidir avant de tartiner la mousse de foie de volaille. Garnir chaque tranche avec 15 ml (1 c. à soupe) de confit d'oignons à l'abricot.

Variante

En remplacement de la crème épaisse (35 %), vous pouvez aussi utiliser de la crème de soya, qui ne contient pas de gras saturés. Vous la trouverez au rayon des produits naturels de la plupart des supermarchés. Assurez-vous de choisir une crème de soya non sucrée.

Dindon haché Waldorf sur bagels

4 BAGELS • **PRÉPARATION : 20 MINUTES** • **CUISSON : AUCUNE** • **RÉFRIGÉRATION : 30 MINUTES**

500 g (2 tasses) de poitrines (blancs) de dindon, cuites et hachées finement

2 tiges de cœur de céleri, hachées finement

2 radis, hachés finement

½ oignon rouge, haché finement

125 g (½ tasse) de raisins verts, hachés finement

60 g (4 c. à soupe) de noix de Grenoble, hachées finement

125 ml (½ tasse) de mayonnaise

30 g (2 c. à soupe) de yogourt nature

2 c. à thé (à café) de poudre de cari

2 c. à thé (à café) d'estragon frais, haché

Sel et poivre du moulin

4 bagels

❶ Dans un bol, mélanger tous les ingrédients, sauf les bagels. Couvrir d'une pellicule de plastique et laisser reposer au réfrigérateur pendant au moins 30 minutes pour permettre aux saveurs de bien se mélanger.

❷ Au moment de servir, trancher les bagels en 2 sur l'épaisseur. Les réchauffer au grille-pain sans les brunir.

❸ Étendre la garniture de dindon sur les moitiés de bagels. Servir.

Sandwichs ouverts de poulet à la reine

Quand j'étais petite, ma mère nous préparait souvent des plats réconfortants dans lesquels la sauce béchamel était en vedette. C'était la seule façon de me faire manger de la viande, surtout du poulet ! Je crois aussi que c'était parce que maman, qui n'était pas un cordon-bleu, réussissait pourtant la béchamel aussi bien que les chefs français. Cette recette, inspirée de celle de ma mère, me ramène tout droit vers mes plus beaux souvenirs d'enfance… Nous la servons souvent à Noël sur des vol-au-vent pur beurre.

8 SANDWICHS • PRÉPARATION : 30 MINUTES • CUISSON : 55 MINUTES

125 g (½ tasse) de beurre

125 g (½ tasse) de farine non blanchie

500 ml (2 tasses) de bouillon de poulet, chaud

750 ml (3 tasses) de lait entier (3,25 %), chaud

30 ml (2 c. à soupe) de moutarde de Dijon

1 pincée de poivre de Cayenne

1 blanc de poireau

60 ml (4 c. à soupe) d'huile d'olive

250 g (3 tasses) de champignons de Paris

500 g (2 tasses) de poitrines (blancs) de poulet, cuites et coupées en dés

500 g (2 tasses) de pois verts surgelés

2 carottes, en rondelles, cuites à la vapeur et refroidies

12 têtes d'asperges, cuites à la vapeur et refroidies

8 tranches épaisses de pain au levain, grillées

Sel et poivre du moulin

❶ Dans un faitout à fond épais, faire fondre le beurre à feu moyen. Ajouter la farine et remuer à l'aide d'un fouet pour préparer un roux. Cuire pendant 5 minutes sans cesser de remuer. Ajouter le bouillon de poulet et bien remuer pour délayer. Ajouter le lait chaud en fouettant constamment pour éviter la formation de grumeaux.

❷ Cuire la béchamel sans cesser de remuer jusqu'à ébullition. Réduire le feu au minimum, saler et poivrer, ajouter la moutarde et le poivre de Cayenne et cuire pendant 30 minutes, en remuant à l'occasion.

❸ Entre-temps, dans une poêle, faire suer le poireau dans l'huile d'olive à feu moyen-doux pendant 5 minutes. Augmenter le feu à vif, ajouter les champignons et cuire pendant 7 minutes sans trop remuer. Réduire le feu à moyen, ajouter le poulet et le reste des légumes et cuire pendant 5 minutes pour les réchauffer. Saler et poivrer.

❹ Quand la béchamel est cuite, ajouter le poulet et les légumes réchauffés et remuer pour bien mélanger. Rectifier l'assaisonnement. Servir sur les tranches de pain grillé.

Variante

Si désiré, vous pouvez n'utiliser que du lait chaud au lieu du bouillon et du lait chaud. Votre béchamel n'en sera que plus onctueuse. L'utilisation de bouillon permet cependant de rehausser la saveur de la sauce tout en réduisant son pourcentage de gras.

Paninis aux paillards de poulet à l'italienne

4 PANINIS • PRÉPARATION : 30 MINUTES • CUISSON : DE 20 À 25 MINUTES

2 poitrines (blancs) de poulet désossées et sans peau

30 ml (2 c. à soupe) d'huile d'olive

Le jus de 2 citrons

4 pains de type ciabatta

60 g (4 c. à soupe) de pesto

250 ml (1 tasse) de sauce marinara

2 poivrons rouges grillés en pot, en tranches

8 tranches de fontina ou de provolone

Sel et poivre du moulin

❶ Couper les poitrines (blancs) de poulet en 2, à l'horizontale, de façon à obtenir des paillards. Sur une surface de travail, placer les morceaux de poulet entre 2 feuilles de pellicule de plastique. À l'aide d'un maillet ou d'un rouleau à pâte, aplatir les paillards jusqu'à environ 1 cm (½ po). Saler et poivrer.

❷ Chauffer une poêle à feu vif. Ajouter l'huile d'olive, chauffer de nouveau et saisir les paillards de poulet à feu vif pendant 5 minutes de chaque côté. Arroser de jus de citron, saler et poivrer, puis retirer du feu.

❸ Préchauffer le four à 220 °C/425 °F/th 7.

❹ Trancher les pains à l'horizontale. Tartiner les moitiés supérieures de pesto. Étendre la sauce marinara sur les moitiés inférieures. Ajouter le poulet sur chaque moitié et les tranches de poivrons grillés, puis couvrir de fromage.

❺ Cuire au four de 10 à 15 minutes ou jusqu'à ce que les pains soient croustillants et les fromages, fondus et bien dorés. Au besoin, passer sous le gril quelques minutes. Servir 2 moitiés par personne et accompagner d'une salade verte.

Sandwichs gourmands
au poisson et aux fruits de mer

Je ne me lasse jamais de manger des crustacés, du saumon ou des palourdes. C'est pourquoi j'aime inventer des sandwichs qui les mettent en valeur. Comme le homard et le crabe sont des produits saisonniers, les mettre au menu, c'est immanquablement faire la fête. J'aime les combiner à une bonne mayonnaise maison, à de l'avocat, à de la fraise ou à des laitues fines. Les asperges sont de merveilleuses partenaires des crevettes nordiques et des rillettes de saumon. Je préfère les mariages de saveurs simples, car je veux faire du poisson et des fruits de mer les vedettes du repas. Qu'on goûte bien leur côté iodé, légèrement sucré, et leur chair fondante.

Pour moi, rien n'évoque mieux l'été qu'un petit pain brioché au homard et à la fleur d'ail fermentée, que prépare mon amie Christiane, en Estrie. Avec un verre de sauvignon blanc ou des bulles, c'est génial ! Encore qu'une tartine bien citronnée aux petites palourdes du Maine dégustée le midi dans ma chaise de plage, en observant mes petits-fils perfectionner leur kayak de mer ou leur surf, m'offre aussi un de ces inoubliables petits bonheurs…

Sandwichs vietnamiens aux crevettes nordiques, aux pommes et au concombre

Les banh mi sont des sandwichs vietnamiens qui font fureur partout où on les sert, car ils débordent de saveur et de textures contrastées : le moelleux de la baguette, le croquant des légumes et le piquant aigre-doux de la sauce y sont pour quelque chose. C'est l'un des meilleurs exemples de cuisine fusion que je connaisse, un héritage des années de présence française, alors que le Vietnam s'appelait « Indochine » et qu'on y servait de la baguette autant que les ingrédients traditionnels du pays.

4 SANDWICHS • PRÉPARATION : 35 MINUTES • CUISSON : AUCUNE

Sauce

125 ml (½ tasse) de mayonnaise

2 gousses d'ail, écrasées et hachées finement

2 c. à thé (à café) d'huile de sésame

2 c. à thé (à café) de sauce hoisin

1 c. à thé (à café) de sambal oelek

2 c. à thé (à café) de sauce soya à teneur réduite en sodium

15 ml (1 c. à soupe) de sauce de poisson*

Sandwichs banh mi

1 pomme rouge avec la pelure, coupée en dés

30 ml (2 c. à soupe) de jus de lime

2 miniconcombres libanais, en bâtonnets de 2,5 cm (1 po)

2 carottes moyennes, râpées

100 g (2 tasses) de germes de haricots mungo

4 ciboules avec les tiges, hachées finement

400 g (12 oz) de crevettes nordiques

½ botte (½ tasse) de coriandre, hachée finement

4 morceaux de baguette de 25 cm (10 po)

Sauce

❶ Dans un bol, à l'aide d'un fouet, mélanger tous les ingrédients de la sauce et réserver au réfrigérateur.

Sandwichs banh mi

❷ Déposer les dés de pomme dans un bol et arroser de jus de lime.

❸ Mélanger les concombres, les carottes, les germes de haricots et les ciboules avec la pomme. Ajouter les crevettes, la coriandre et la moitié de la sauce. Remuer délicatement.

❹ Trancher les morceaux de baguette à l'horizontale en prenant soin de ne pas séparer les moitiés. Badigeonner généreusement l'intérieur des pains avec le reste de la sauce. Répartir la salade de crevettes et servir.

✳ **SAUCE DE POISSON**
Condiment à base d'anchois fermentés très utilisé dans la cuisine vietnamienne. Cette sauce étant très salée, on omet donc le sel. Vous la trouverez au rayon des produits importés de la plupart des supermarchés ou dans les épiceries asiatiques.

Pans-bagnats classiques

Le pan-bagnat est une très ancienne recette provençale qui met le thon, les anchois et les légumes en vedette. En occitan, pan-bagnat signifie *pain baigné* (d'huile d'olive). Très savoureux, on peut le préparer en une seule longue baguette qu'on tranchera au moment de servir. Cette manière de procéder est très populaire dans le midi de la France lorsqu'on partage un repas en famille ou entre amis sous la tonnelle. Ce sandwich est en parfaite compagnie avec un rosé de Provence rafraîchi.

4 PANS-BAGNATS • PRÉPARATION : 35 MINUTES • CUISSON : AUCUNE

15 g (1 c. à soupe) de pâte d'anchois

60 ml (4 c. à soupe) d'huile d'olive

30 ml (2 c. à soupe) de vinaigre de vin rouge

60 ml (4 c. à soupe) de mayonnaise

15 g (1 c. à soupe) de pesto

30 ml (2 c. à soupe) de câpres, égouttées

1 baguette d'environ 60 cm (25 po) de longueur

2 poivrons rouges grillés, en lanières (voir recette ci-contre)

2 échalotes sèches, en fines rondelles

20 olives niçoises*, dénoyautées et hachées finement

2 boîtes de 198 g (7 oz) de thon blanc, égoutté et émietté

2 œufs durs, écalés et coupés en tranches

8 feuilles de laitue frisée ou Boston, pour garnir

✻ OLIVES NIÇOISES
Petites olives noires séchées au soleil.

❶ Dans un bol, mélanger la pâte d'anchois, l'huile, le vinaigre, la mayonnaise, le pesto et les câpres.

❷ Couper la baguette à l'horizontale et tartiner l'intérieur des pains avec le mélange de mayonnaise à l'anchois. Garnir la face inférieure avec les poivrons grillés, les rondelles d'échalotes sèches, les olives, le thon et les œufs durs. Terminer avec la laitue et refermer les sandwichs. Trancher en portions individuelles à l'aide d'un couteau dentelé et servir.

Poivrons rouges grillés

❸ Préchauffer le barbecue à puissance maximale. Placer les poivrons rouges entiers sur la grille non huilée et cuire, en retournant à l'occasion, jusqu'à ce que toute la peau du poivron soit noircie.

❹ Mettre les poivrons dans un sac de plastique et laisser refroidir environ 30 minutes. Sortir les poivrons du sac, retirer la peau noircie et rincer.

❺ Au-dessus d'un tamis placé sur un bol, défaire les poivrons avec les doigts. Recueillir le liquide de cuisson qui pourra être utilisé pour préparer une soupe ou une sauce. Jeter les graines. Se conserve jusqu'à 3 mois au congélateur.

Tartines de rillettes de maquereau

Voici une de mes recettes favorites pour les randonnées de kayak de mer entre amis.
C'est une bonne manière de faire découvrir et apprécier le maquereau à vos proches.
Elle se prépare en quelques minutes seulement ; ne vous en privez pas ! Pour accompagner les rillettes,
je recommande plutôt un rouge bien rafraîchi et sur le fruit, comme un gamay ou un pinot noir,
plutôt qu'un blanc. C'est un poisson qui a beaucoup de personnalité, surtout quand il est fumé.

8 TARTINES • PRÉPARATION : 20 MINUTES • CUISSON : AUCUNE • RÉFRIGÉRATION : 30 MINUTES

125 g (4 oz) de filets de maquereau fumé

125 g (4 oz) de filets de maquereau conservés dans l'huile d'olive, égouttés, sans arêtes ni peau

250 g (1 tasse) de fromage à la crème pommade

2 c. à thé (à café) de moutarde de Dijon

30 ml (2 c. à soupe) de mayonnaise

8 g (2 c. à soupe) d'aneth frais, haché finement

3 ciboules avec les tiges, hachées finement

Le jus et le zeste râpé de 1 citron

15 ml (1 c. à soupe) de câpres, égouttées et rincées

1 trait de sauce Tabasco

Sel et poivre du moulin

8 tranches de miche au levain, grillées

❶ Mettre tous les ingrédients, sauf le pain, dans le bol du robot culinaire et mélanger jusqu'à l'obtention d'une texture assez crémeuse. Verser dans un bol, couvrir d'une pellicule de plastique et laisser refroidir au réfrigérateur pendant au moins 30 minutes.

❷ Tartiner les tranches de pain grillées avec les rillettes. Si désiré, accompagner d'une salade ou d'une ratatouille rapide que vous servirez froide.

Ratatouille rapide

8 PORTIONS • CUISSON : 20 MINUTES

1 oignon rouge, haché finement

60 ml (4 c. à soupe) d'huile d'olive

2 courgettes, hachées finement

1 aubergine, hachée finement

Sel et poivre du moulin

4 gousses d'ail, hachées finement

4 tomates, pelées, épépinées et hachées

Quelques feuilles de romarin frais

Quelques feuilles de thym frais

30 ml (2 c. à soupe) de vinaigre de vin, pour servir

45 ml (3 c. à soupe) d'huile d'olive, pour servir

❶ Dans une poêle, faire suer l'oignon rouge haché dans l'huile d'olive, puis ajouter les courgettes et l'aubergine. Cuire pendant 10 minutes.

❷ Saler et poivrer, ajouter l'ail, les tomates, le romarin et le thym et cuire 10 minutes de plus.

❸ Laisser refroidir avant d'arroser avec le vinaigre de vin et l'huile d'olive. Rectifier l'assaisonnement et servir avec les tartines de rillettes de maquereau.

Truite saumonée rôtie à l'érable sur ciabattas, mayonnaise au safran et à l'orange

4 CIABATTAS • PRÉPARATION : 35 MINUTES • CUISSON : 15 MINUTES

Marinade

60 ml (4 c. à soupe) de sirop d'érable

2 c. à thé (à café) de moutarde de Dijon

2 c. à thé (à café) de mayonnaise

2 c. à thé (à café) de gingembre, pelé et râpé finement

2 c. à thé (à café) d'huile de sésame rôti

4 morceaux de 125 g (4 oz) de truite saumonée avec la peau

Mayonnaise au safran

60 ml (4 c. à soupe) de jus d'orange

1 pincée de safran

2 c. à thé (à café) de gingembre, pelé et râpé finement

Le zeste de 1 orange

1 c. à thé (à café) de curcuma

125 ml (½ tasse) de mayonnaise

Sel et poivre du moulin

Sandwichs

4 petits pains ciabattas

320 g (2 tasses) de chou nappa, émincé

Marinade

❶ Préchauffer le barbecue à puissance maximale ou chauffer à feu vif une poêle de fonte à fond strié enduite d'huile d'olive.

❷ Dans un bol, à l'aide d'un fouet, mélanger tous les ingrédients de la marinade. Badigeonner la truite avec ce mélange. Huiler la grille du barbecue et y déposer les filets de truite, côté peau en dessous. Cuire à l'unilatérale (sans retourner) pendant 5 minutes.

❸ Éteindre un brûleur, couvrir et poursuivre la cuisson pendant 10 minutes ou jusqu'à ce que la truite soit cuite, mais encore rosée à l'intérieur. Si vous utilisez une poêle à fond strié, réduire le feu à moyen-doux. Retirer du feu et laisser reposer pendant 5 minutes, couvert de papier d'aluminium.

❹ Retirer délicatement la peau des filets cuits.

Mayonnaise au safran

❺ Entre-temps, dans un bol de verre, chauffer le jus d'orange au four à micro-ondes pendant 20 secondes. Saupoudrer de safran et remuer. Ajouter le reste des ingrédients et bien remuer à l'aide d'un fouet. Saler et poivrer, au goût.

Sandwichs

❻ Trancher les pains à l'horizontale et griller au barbecue ou sous le gril préchauffé du four pendant 5 minutes environ. Retirer du feu.

❼ Tartiner généreusement les faces intérieures des ciabattas avec la mayonnaise. Garnir la partie inférieure avec la moitié du chou et y déposer le poisson. Ajouter le reste du chou et refermer les pains en pressant légèrement. Servir.

Sandwichs au thon à l'indienne

4 SANDWICHS • PRÉPARATION : 25 MINUTES • CUISSON : 3 MINUTES

Sauce

80 ml (⅓ de tasse) de mayonnaise

80 g (⅓ de tasse) de yogourt nature

60 ml (4 c. à soupe) de lait de coco

15 g (1 c. à soupe) de pâte de cari rouge* douce

½ mangue, dénoyautée, pelée et réduite en purée au mélangeur

1 c. à thé (à café) de cumin moulu

1 c. à thé (à café) de cardamome moulue

1 c. à thé (à café) de gingembre moulu

1 c. à thé (à café) de graines de coriandre

4 g (1 c. à soupe) de curcuma moulu

Sel et poivre du moulin

Salade de thon

2 boîtes de 198 g (7 oz) de thon blanc, égoutté et émietté

1 tige de céleri avec les feuilles, hachée finement

3 fines tranches d'oignon rouge, hachées finement

1 mangue, pelée, dénoyautée et hachée finement

60 g (4 c. à soupe) de noix d'acajou, hachées finement

15 g (4 c. à soupe) de noix de coco séchée, râpée et non sucrée

½ botte (½ tasse) de coriandre, hachée finement

Sel et poivre du moulin

4 pains naans

Sauce

❶ Mélanger tous les ingrédients dans un bol, à l'aide d'un fouet. Réserver au réfrigérateur.

❷ Préchauffer le four à 220 °C/425 °F/th 7.

Salade de thon

❸ Dans un autre bol, mélanger le thon, le céleri, l'oignon rouge, la mangue, les noix d'acajou et la noix de coco. Ajouter la sauce, mélanger délicatement, puis incorporer la coriandre. Saler et poivrer, au goût.

❹ Chauffer les pains naans au four pendant 3 à 5 minutes. Garnir avec la salade de thon et servir.

✳ PÂTE DE CARI ROUGE

Pâte de cari indienne à base d'ail, de paprika, de gingembre, de curcuma et d'autres épices. Elle est offerte en version piquante ou douce. Si vous aimez un sandwich bien relevé, utilisez la pâte piquante. Vous la trouverez dans la section des produits importés de la plupart des supermarchés.

Blinis de mousseline de saumon fumé des grands jours

36 BLINIS* ENVIRON • PRÉPARATION: 30 MINUTES • CUISSON: 3 MINUTES
RÉFRIGÉRATION: 30 MINUTES

250 g (8 oz) de saumon fumé sockeye, haché grossièrement

125 g (½ tasse) de fromage à la crème pommade

15 ml (1 c. à soupe) de moutarde de Dijon

Le jus et le zeste de 1 citron

60 ml (4 c. à soupe) de crème épaisse (35 %)

30 g (½ tasse) d'aneth frais, haché finement

Sel et poivre du moulin

36 blinis (ou de croûtons)

60 g (4 c. à soupe) d'œufs de lompe noirs

Brins d'aneth frais, pour garnir

* BLINIS

Minicrêpes de 5 cm (2 po) de diamètre très populaires en Russie, où on les sert traditionnellement avec du saumon fumé, de la crème sure ou aigre et du caviar. Les traiteurs des grands restaurants optent de plus en plus pour les blinis, car ils sont un support idéal pour une grande variété de canapés. Vous trouverez les blinis au rayon de la boulangerie de plusieurs supermarchés. Vous pouvez aussi créer les vôtres à partir de votre pâte à crêpe préférée. Assurez-vous qu'ils auront une épaisseur suffisante, c'est-à-dire ½ cm ou ¼ de po, pour pouvoir bien soutenir les garnitures choisies.

❶ Au robot culinaire, mélanger le saumon, le fromage à la crème, la moutarde, le jus et le zeste de citron, la crème et l'aneth jusqu'à ce que la préparation soit homogène. Au besoin, ajouter davantage de crème. Saler et poivrer, au goût.

❷ Verser la préparation dans un bol de verre, couvrir d'une pellicule de plastique et laisser refroidir au réfrigérateur pendant au moins 30 minutes.

❸ Préchauffer le four à 180 °C/350 °F/th 4. Déposer les blinis sur une plaque de cuisson et les réchauffer au four pendant 3 minutes.

❹ Tartiner chaque blini avec un peu de mousseline de saumon fumé. Garnir avec les œufs de lompe et un brin d'aneth. Servir avec un petit ramequin d'œufs de lompe et un verre de mousseux ou de champagne, selon l'occasion.

Variante

En remplacement de la crème épaisse (35 %), vous pouvez aussi utiliser de la crème de soya, qui ne contient pas de gras saturés. Vous la trouverez au rayon des produits naturels de la plupart des supermarchés. Assurez-vous de choisir une crème de soya non sucrée.

Pains empereurs aux crab cakes, sauce à la lime et à la coriandre

4 GROS CRAB CAKES • PRÉPARATION : 35 MINUTES • CUISSON : 10 MINUTES • RÉFRIGÉRATION : 30 MINUTES

Sauce à la lime et à la coriandre

180 ml (⅔ de tasse) de mayonnaise

30 ml (2 c. à soupe) de câpres, égouttées et rincées

2 c. à thé (à café) de relish

Le jus et le zeste de 1 lime

2 c. à thé (à café) de gingembre, pelé et râpé finement

½ c. à thé (à café) de sauce Tabasco

½ botte (½ tasse) de coriandre, hachée finement

Sel et poivre du moulin

Crab cakes

400 g (12 oz) de chair de crabe des neiges (ou autre variété)

4 ciboules avec les tiges, hachées finement

1 petite échalote sèche, hachée finement

½ piment serrano (ou autre piment fort), épépiné et haché finement

½ poivron rouge, haché très finement

1 tige de cœur de céleri, hachée très finement

½ botte (½ tasse) de coriandre, hachée finement

Le zeste de 1 lime

½ c. à thé (à café) de sauce Tabasco

20 g (⅓ de tasse) de chapelure de pain frais

1 œuf

Sel et poivre du moulin

Panure

1 œuf

30 ml (2 c. à soupe) d'eau

Sel et poivre du moulin

30 g (½ tasse) de chapelure japonaise panko*

80 ml (⅓ de tasse) d'huile d'arachide

4 pains empereurs

50 g (1 tasse) de laitue iceberg, émincée

✳ PANKO

Chapelure japonaise fine et très légère préparée à base de pain blanc séché. Vous en trouverez au rayon des produits importés ou au comptoir de sushis de la plupart des supermarchés.

Sauce à la lime et à la coriandre

❶ Dans un petit bol, à l'aide d'un fouet, mélanger tous les ingrédients de la sauce à la lime et à la coriandre. Couvrir d'une pellicule de plastique et placer au réfrigérateur.

Crab cakes

❷ Dans un grand bol, mélanger délicatement tous les ingrédients des crab cakes à l'aide d'une fourchette. Façonner la préparation au crabe en 4 grosses galettes d'environ 2,5 cm (1 po) d'épaisseur. Couvrir d'une pellicule de plastique et laisser reposer au réfrigérateur pendant 30 minutes.

Panure

❸ Dans un petit bol, battre l'œuf avec l'eau à la fourchette. Saler et poivrer. Mettre la chapelure dans un autre bol. Tremper les galettes dans l'œuf battu, secouer l'excédent, puis rouler dans la chapelure et bien enrober.

❹ Dans une poêle antiadhésive à fond épais, chauffer l'huile à feu moyen-vif et cuire les galettes pendant 5 minutes. Au besoin, baisser le feu à moyen. Retourner les galettes délicatement et cuire 5 minutes de plus. Égoutter sur du papier absorbant.

❺ Trancher les pains à l'horizontale et tartiner généreusement les faces intérieures avec la sauce à la lime et à la coriandre. Sur la partie inférieure du pain, déposer un peu de laitue émincée, puis une galette. Ajouter un peu de laitue sur le dessus, refermer les pains et servir avec une salade de chou de Savoie, d'avocat et de pamplemousse rose.

Variante

Pour l'apéro, vous pouvez aussi façonner la préparation en 12 petites galettes et les servir en canapés, dans des pitas miniatures ou des pains plats à miniburgers.

Tartines au homard et au maïs, crème à l'aneth

J'ai la chance d'avoir un cousin qui est comme mon grand frère et que je fréquente assidûment, surtout l'été, puisque nous possédons chacun un pied-à-terre voisin l'un de l'autre au bord de la mer, en Nouvelle-Angleterre. Sa femme et moi aimons nous y retrouver pour recevoir les amis et la famille. Inutile de dire que le homard fait partie de toutes nos célébrations, voire de notre quotidien estival… Alors, pour éviter la monotonie, je crée toutes sortes de recettes simples dont il est la vedette. Voici celle que je pense servir pour séduire le cousin lors de notre premier festin familial de la saison, sur la plage.

6 À 8 TARTINES   •   PRÉPARATION : 25 MINUTES   •   CUISSON : AUCUNE

1 mangue, pelée, dénoyautée et hachée finement
Le jus et le zeste de 1 lime
250 g (1 tasse) de maïs en grains, cuit et refroidi
500 ml (2 tasses) de crème à fouetter (35 %), très froide
Sel et poivre du moulin
60 ml (4 c. à soupe) de mayonnaise
15 g (4 c. à soupe) de ciboulette, ciselée
15 g (4 c. à soupe) d'aneth frais, haché finement
1 c. à thé (à café) de sauce Tabasco
500 g (1 lb) de chair de homard*, cuite et hachée (pinces et queues seulement)
4 pains plats très frais de type focaccia ou naan
8 g (2 c. à soupe) d'aneth frais, haché, pour garnir

❶ Dans un bol, mélanger la mangue, le jus et le zeste de lime, et le maïs. Réserver.

❷ Dans un bol froid, à l'aide de batteurs très froids, fouetter la crème jusqu'à la formation de pics fermes. Ne pas trop battre. Saler et poivrer, puis ajouter la mayonnaise, les fines herbes et la sauce Tabasco en pliant. Réserver le tiers de la crème dans un autre bol et placer au réfrigérateur jusqu'au moment de servir.

❸ Incorporer délicatement la chair de homard et la préparation à la mangue à la crème fouettée.

❹ Étendre la préparation sur les pains. Garnir avec la crème aux herbes réservée et un peu d'aneth frais. Servir immédiatement avec un sauvignon blanc bien frais et des bâtonnets de fenouil cru au sel.

✱ **CHAIR DE HOMARD**

Pour ce type de recette, j'achète toujours de la chair de homard déjà cuite et décortiquée. Je peux ainsi choisir les morceaux que je veux.

Sandwichs triangulaires de style club au homard, aïoli au citron

4 SANDWICHS • PRÉPARATION : 30 MINUTES • CUISSON : AUCUNE

12 tranches de pain à sandwichs

125 ml (½ tasse) d'aïoli*

Le zeste de 2 citrons

1 avocat, pelé, dénoyauté et coupé en tranches fines

30 ml (2 c. à soupe) de jus de citron

4 radis, en fines rondelles

500 g (1 lb) de chair de homard, cuite et hachée grossièrement

50 g (1 tasse) de pousses vertes (pois, radis, etc.)

12 tranches de bacon, cuites et égouttées

2 tomates, tranchées finement

8 feuilles de cœurs de laitue romaine

Sel et poivre du moulin

✳ AÏOLI

Mayonnaise bien relevée d'ail très populaire en Provence. On la sert souvent en guise de trempette avec un plateau de crudités. Plusieurs entreprises françaises en fabriquent de l'excellente, que vous pouvez utiliser pour gagner du temps dans cette recette. Vous la trouverez dans tous les supermarchés.

❶ Griller les tranches de pain sous le gril préchauffé ou au grille-pain. Dans un bol, mélanger l'aïoli avec le zeste de citrons. Tartiner toutes les tranches de pain avec cette préparation.

❷ Arroser les tranches d'avocat de jus de citron.

❸ Répartir les rondelles de radis sur 4 des tranches de pain. Ajouter le homard, puis les tranches d'avocat et les pousses vertes. Saler et poivrer. Couvrir avec 4 tranches de pain, côté tartiné sur le dessus.

❹ Ajouter le bacon et les tranches de tomates. Saler et poivrer, puis ajouter la laitue. Refermer les sandwichs avec les 4 tranches de pain restantes, côté tartiné en dessous. Faire tenir avec des cure-dents, au besoin.

❺ À l'aide d'un couteau dentelé, couper chaque sandwich en 4 pointes. Déposer dans 4 assiettes, pointes en haut. Servir avec des croustilles et des tiges de cœur de céleri.

Petits pains alle vongole

Tout le monde connaît les spaghettis alle vongole, cette spécialité napolitaine à base de palourdes, *vongole,* en italien, cuites dans une sauce au vin blanc et au persil, qui est servie un peu partout en Italie. J'aime les préparer comme à Gênes, où l'on utilise les toutes petites palourdes. Je vous propose ici une tartinade inspirée de ce plat. Facile et rapide à préparer, elle se transforme facilement en trempette grâce à l'ajout d'un peu de liquide de trempage des palourdes et de jus de citron.

4 SANDWICHS • PRÉPARATION : 30 MINUTES • CUISSON : AUCUNE • RÉFRIGÉRATION : 30 MINUTES

375 g (1 ½ tasse) de minipalourdes, égouttées et rincées
180 g (¾ de tasse) de fromage à la crème pommade
60 ml (4 c. à soupe) de mayonnaise
3 tranches minces d'oignon rouge, hachées finement
Le zeste de 1 citron
Les suprêmes de 1 citron, hachés
15 g (4 c. à soupe) de ciboulette, hachée finement
8 g (2 c. à soupe) de persil frisé, haché finement
½ c. à thé (à café) de poivre de Cayenne
Sel
4 pains empereurs aux graines de sésame

❶ Dans un bol, mélanger délicatement tous les ingrédients, sauf le pain. Saler, au goût. Couvrir d'une pellicule de plastique et laisser reposer au réfrigérateur pendant 30 minutes.

❷ Trancher les pains à l'horizontale. Répartir la préparation aux palourdes sur la moitié inférieure des pains, refermer les pains en pressant légèrement et servir avec une salade de laitue frisée aux fines herbes.

Rillettes de saumon et asperges rôties à l'asiatique sur tartines grillées au levain

Cette recette vous donnera suffisamment de rillettes de saumon pour quatre à six grosses tartines.
À l'heure de l'apéro, ces rillettes seront délicieuses, tartinées sur des croûtons et accompagnées
d'un verre de pinot griggio ou de sauvignon blanc. Elles se conservent jusqu'à 36 heures au réfrigérateur.

4 À 6 TARTINES • PRÉPARATION : 45 MINUTES • CUISSON : 10 MINUTES • RÉFRIGÉRATION : 1 HEURE

Asperges rôties

20 asperges, parées

2 c. à thé (à café) d'huile de sésame rôti

Sel et poivre du moulin

Rillettes

250 g (8 oz) de filet de saumon, cuit

250 g (8 oz) de saumon fumé sockeye, haché finement

80 ml (⅓ de tasse) de mayonnaise

2 c. à thé (à café) d'huile de sésame rôti

2 c. à thé (à café) de tamari ou de sauce soya

8 g (2 c. à soupe) de gingembre, pelé et râpé finement

1 c. à thé (à café) de fleur d'ail fermentée (ou fraîche)

½ c. à thé (à café) de sambal oelek

30 ml (2 c. à soupe) de câpres, égouttées et rincées

Le jus et le zeste de 1 lime

1 échalote sèche, hachée très finement

2 ciboules avec les tiges, hachées finement

½ botte (½ tasse) de coriandre, hachée finement

Sel et poivre du moulin

4 tranches de miche au levain

Asperges rôties

❶ Préchauffer le four à 220 °C/425 °F/th 7. Déposer les asperges sur une plaque de cuisson. Badigeonner avec l'huile de sésame. Cuire au four pendant 8 à 10 minutes, en retournant une fois, ou jusqu'à ce que les asperges soient rôties. Ne pas trop cuire. Retirer du four, saler et poivrer, puis laisser refroidir à température ambiante.

Rillettes

❷ Dans un grand bol, défaire le saumon cuit en petits morceaux et ajouter le saumon fumé, et le reste des ingrédients, sauf les tranches de pain. Mélanger délicatement. Rectifier l'assaisonnement. Couvrir d'une pellicule de plastique et laisser reposer pendant 1 heure au réfrigérateur pour permettre aux saveurs de se mélanger.

❸ Au grille-pain, griller les tranches de pain 2 fois, de manière à faire sécher légèrement le pain (éviter de le brûler). Laisser refroidir avant de tartiner généreusement avec les rillettes. Disposer 5 asperges sur chaque tartine.

Tartines grillées aux sardines et à la pomme verte

Voici des tartines que j'aime beaucoup servir à l'heure de l'apéro, sur un lit de laitues amères. Avec un verre de vin blanc grec bien rafraîchi, elles sont irrésistibles, même pour ceux qui ne sont guère amateurs ! C'est aussi très bon avec des olives vertes dénoyautées et hachées.

4 TARTINES • PRÉPARATION : 25 MINUTES • CUISSON : AUCUNE • MARINADE : 30 MINUTES

Vinaigrette

2 échalotes sèches, hachées très finement

2 ciboules avec les tiges, hachées finement

Le jus et le zeste de 1 citron

125 ml (½ tasse) d'huile d'olive vierge

30 ml (2 c. à soupe) de câpres, égouttées et rincées

8 g (2 c. à soupe) de persil italien, haché finement

15 g (4 c. à soupe) d'aneth frais, haché finement

Sel et poivre du moulin

Tartines

16 petites sardines en conserve, égouttées

1 pomme Granny Smith

30 ml (2 c. à soupe) de vinaigre de xérès

Sel et poivre du moulin

4 tranches de pain de miche blanc, grillées

Vinaigrette

❶ Dans un bol, déposer, dans l'ordre, tous les ingrédients de la vinaigrette et bien mélanger à l'aide d'un fouet.

Tartines

❷ Placer les sardines côte à côte dans une assiette. Arroser avec la vinaigrette, couvrir d'une pellicule de plastique et laisser mariner au réfrigérateur pendant 30 minutes.

❸ Cinq minutes avant de servir, trancher finement et épépiner la pomme et l'arroser de vinaigre. Saler et poivrer les 2 faces.

❹ Badigeonner le pain avec un peu de vinaigrette. Répartir les tranches de pomme, puis déposer 4 sardines sur chaque tranche de pain. Arroser avec la vinaigrette et servir, de préférence avec un couteau et une fourchette.

Sandwichs au poisson rôti, cumin et olives comme à San Pancho

La petite ville mexicaine de San Pancho est située sur les bords du Pacifique et bénéficie d'un arrivage quotidien de poissons et de crustacés frais. J'y ai dégusté des plats de poisson fantastiques, tel ce sandwich au mahi-mahi parfumé au cumin et aux olives, dont j'ai réussi à recréer la recette, non sans avoir soutiré quelques secrets au sympathique serveur du restaurant de plage où nous avions nos habitudes… Ici, le cumin est un ingrédient incontournable.

4 SANDWICHS • PRÉPARATION : 15 MINUTES • CUISSON : 20 MINUTES

Sel à frotter le mahi-mahi

15 g (4 c. à soupe) de cumin moulu

4 g (1 c. à soupe) d'origan mexicain*

4 g (1 c. à soupe) de paprika espagnol piquant

1 c. à thé (à café) de sel

1 c. à thé (à café) de poivre blanc

4 filets de mahi-mahi* de 150 g (6 oz)

Mayonnaise aux olives

125 ml (½ tasse) de mayonnaise

60 ml (4 c. à soupe) de sauce chili (sauce cocktail pour crevettes)

125 ml (½ tasse) d'olives farcies, hachées finement

Sandwichs

60 ml (4 c. à soupe) d'huile d'olive

4 petits pains ciabattas carrés

1 tomate, en fines tranches

1 oignon rouge, en fines rondelles

Sel et poivre du moulin

50 g (1 tasse) de laitue iceberg, émincée

✳ MAHI-MAHI

Poisson à chair ferme de taille moyenne, qu'on trouve dans les Caraïbes et le Pacifique Sud. Les Hawaïens l'ont ainsi nommé pour que l'on cesse de le confondre avec le dauphin, car, en anglais, on le surnomme *dolphin fish,* qui lui vient de la forme de son corps, ce qui créait la confusion. Mais la similarité s'arrête là. Vous pouvez le remplacer par du merlin, de la dorade, de l'espadon pêché à la ligne ou du flétan.

Sel à frotter le mahi-mahi

❶ Dans un petit bol, mélanger tous les ingrédients. Enduire généreusement toutes les faces du mahi-mahi du sel à frotter. Laisser reposer à température ambiante.

Mayonnaise aux olives

❷ Entre-temps, dans un bol, mélanger la mayonnaise, la sauce chili et les olives. Couvrir le bol d'une pellicule de plastique et placer au réfrigérateur.

Sandwichs

❸ Préchauffer le barbecue à puissance maximale. Huiler la grille et cuire le mahi-mahi pendant 10 minutes, en imprimant un quart de tour au poisson à mi-cuisson pour créer un joli marquage quadrillé. Retourner le poisson et cuire 5 minutes de plus ou jusqu'à ce que la chair soit opaque et se défasse à la fourchette. Ne pas trop cuire. Retirer du feu, couvrir d'un papier d'aluminium et laisser reposer pendant 5 minutes.

❹ Entre-temps, trancher les pains à l'horizontale et griller pendant 3 à 5 minutes sur le barbecue. Tartiner généreusement les 2 faces intérieures avec la mayonnaise aux olives.

❺ Déposer un filet de poisson sur chaque moitié inférieure des pains. Garnir avec les tranches de tomate et les rondelles d'oignon. Saler et poivrer. Ajouter la laitue émincée, refermer les sandwichs et servir.

✳ ORIGAN MEXICAIN

Cet origan a une saveur distinctive, assez marquée, très différente de la variété que l'on achète à l'épicerie. Si vous n'en trouvez pas, remplacez-le par un mélange à parts égales de marjolaine et d'origan courant.

Petits pains farcis aux crevettes et au céleri rémoulade

4 PETITS PAINS • **PRÉPARATION : 30 MINUTES** • **CUISSON : AUCUNE**

375 g (1 ½ tasse) de céleri-rave mariné en pot, égoutté

3 ciboules avec les tiges, hachées finement

15 ml (1 c. à soupe) de câpres, égouttées et rincées

80 ml (⅓ de tasse) de mayonnaise

15 ml (1 c. à soupe) de moutarde de Meaux

15 ml (1 c. à soupe) de moutarde de Dijon

8 g (2 c. à soupe) de feuilles d'estragon frais, hachées finement

4 g (1 c. à soupe) de feuilles d'origan frais, hachées finement

400 g (12 oz) de crevettes nordiques, cuites et égouttées

Sel et poivre du moulin

4 petits pains croûtés italiens

❶ Dans un bol, mélanger le céleri-rave, les ciboules, les câpres, la mayonnaise, la moutarde, l'estragon et l'origan. Ajouter les crevettes et mélanger délicatement. Saler et poivrer.

❷ En partant du haut, trancher les petits pains sur toute la longueur, comme pour des sous-marins. Farcir chaque pain avec le mélange de crevettes. Servir avec quelques tomates cerises.

Pitas farcis à la salade de crabe au maïs

Ces pitas sont parfaits pour un pique-nique ou pour glisser dans la boîte à lunch.
Assurez-vous de bien les envelopper dans une pellicule de plastique et de les placer
dans une glacière, entre deux sachets réfrigérants.

4 PITAS • PRÉPARATION : 25 MINUTES • CUISSON : AUCUNE

400 g (12 oz) de chair de crabe des neiges (ou autre variété)

2 tiges de céleri avec les feuilles, hachées finement

½ oignon rouge, haché finement

½ poivron rouge, haché finement

250 g (1 tasse) de maïs, cuit et égoutté

60 ml (4 c. à soupe) de mayonnaise

60 ml (4 c. à soupe) de crème sure ou aigre

30 ml (2 c. à soupe) de sauce chili (ou de ketchup)

½ c. à thé (à café) de poivre de Cayenne

Sel et poivre du moulin

4 pains pitas, coupés en moitiés

❶ Dans un bol, mélanger tous les ingrédients, sauf les pitas.

❷ Ouvrir les moitiés de pita, de manière à former des pochettes. Farcir avec la préparation au crabe et servir avec des crudités.

Sous-marins aux crevettes frites comme à Austin, Texas

Mon ami Garrett, spécialiste des technologies de l'information, est aussi un des meilleurs cuisiniers que je connaisse. Il habite la superbe ville d'Austin, au Texas. Comme ses trois enfants sont membres d'équipes de soccer et de baseball, chaque automne, il prépare un gigantesque *Tailgate Party* auquel il convie les membres de ces équipes et tout le voisinage. Ses crevettes frites servies dans de petits cornets de carton qu'il fabrique lui-même pour l'occasion font sensation. J'ai adapté sa recette avec sa bénédiction pour en faire un sous-marin à la mode sudiste. À noter : la friture demande du doigté et de la prudence !

4 SOUS-MARINS • PRÉPARATION : 30 MINUTES • CUISSON : 4 MINUTES

Sel à frotter les crevettes

1 c. à thé (à café) de sel

1 c. à thé (à café) de sel de céleri

1 c. à thé (à café) de cumin moulu

1 c. à thé (à café) de poivre de Cayenne

2 c. à thé (à café) de paprika fumé

1 c. à thé (à café) d'origan séché

1 c. à thé (à café) de thym séché

1 c. à thé (à café) de poudre d'ail*

500 g (1 lb) de crevettes moyennes, décortiquées et dont on a retiré les veines

250 g (1 tasse) de farine non blanchie

250 g (1 tasse) de semoule de maïs

Huile végétale

Sous-marins

4 pains à sous-marins de 20 cm à 25 cm (8 po à 10 po)

125 ml (½ tasse) de mayonnaise

1 c. à thé (à café) de sauce Tabasco

2 tomates, tranchées finement

Sel et poivre du moulin

100 g (2 tasses) de laitue iceberg, émincée

Je suis viscéralement contre la poudre ou le sel d'ail, qui sont très loin du produit original. Mais mon ami Garrett insiste : si vous voulez servir une authentique cuisine du sud des États-Unis, vous devez absolument les utiliser, sinon vous commettez un crime de lèse-majesté !

Sel à frotter les crevettes

❶ Dans un bol, mélanger le sel, les épices et les herbes. Réserver la moitié de ce sel à frotter dans un autre bol. Dans le premier bol, mettre les crevettes et mélanger délicatement pour les enduire uniformément.

❷ Dans le bol contenant le sel réservé, verser la farine et la semoule de maïs et bien mélanger. Transférer les crevettes dans ce bol et mélanger délicatement pour les enduire uniformément.

❸ Verser l'huile dans une friteuse en suivant les instructions du fabricant ou verser au moins 8 cm (3 po) d'huile végétale dans un faitout à hauts rebords et chauffer à 180 °C/350 °F/th 4. Pour plus de sûreté, mettre un cube de pain dans l'huile pendant qu'elle chauffe. Lorsqu'il dore rapidement, l'huile est prête à utiliser. Plonger les crevettes dans l'huile et cuire pendant 3 à 4 minutes ou jusqu'à ce qu'elles soient dorées, en remuant à l'aide d'une écumoire de métal. Procéder en 2 ou 3 fois, au besoin, selon la quantité d'huile et la grosseur de la friteuse ou du faitout. Égoutter sur plusieurs épaisseurs de papier absorbant.

Sous-marins

❹ Entre-temps, trancher les pains à l'horizontale et tartiner généreusement avec la mayonnaise. Arroser de quelques gouttes de sauce Tabasco. Répartir les tranches de tomates, saler et poivrer, ajouter les crevettes et garnir avec la laitue. Servir avec des cornichons à l'aneth et des croustilles.

Ciabattas ouverts aux pétoncles rôtis, crème de maïs et bacon

S'il y a une combinaison de saveurs dont je raffole, c'est bien celle des pétoncles et du maïs ! Le fondant légèrement sucré du pétoncle se marie à la perfection au maïs. Quand on y ajoute du bacon, le goût fumé, le côté salé et le croustillant créent un contraste absolument parfait ! De là à créer un sandwich qui mettrait cette combinaison d'ingrédients en vedette, il n'y avait qu'un pas, aisément franchi… Vous pouvez servir une moitié de sandwich à l'apéro avec un verre de chablis ou deux moitiés en guise de repas. Avec une salade verte, ce sera délicieux !

4 DEMI-CIABATTAS • PRÉPARATION : 30 MINUTES • CUISSON : 15 MINUTES

500 ml (2 tasses) de maïs en crème

250 ml (1 tasse) de maïs en grains

60 ml (4 c. à soupe) de crème à fouetter (35 %)

2 ciboules avec les tiges, hachées finement

1 c. à thé (à café) de feuilles de thym frais

4 tranches de bacon, cuites et égouttées et émiettées

30 g (2 c. à soupe) de farine non blanchie

12 à 16 gros pétoncles

30 ml (2 c. à soupe) d'huile d'olive

30 g (2 c. à soupe) de beurre

Sel et poivre du moulin

2 pains ciabattas

60 g (4 c. à soupe) de miettes de bacon, pour garnir

8 g (2 c. à soupe) de persil frisé, haché finement, pour garnir

❶ Dans une petite casserole, mélanger le maïs en crème, le maïs en grains, la crème, les ciboules et le thym et porter à ébullition à feu moyen. Retirer du feu. À l'aide d'un pied-mélangeur (mixeur-plongeur), réduire la préparation en crème en évitant de trop mélanger pour conserver la texture du maïs. Ajouter les miettes de bacon, assaisonner au goût et réserver au chaud.

❷ Fariner les pétoncles. Chauffer une poêle antiadhésive à feu vif. Ajouter l'huile et le beurre et faire mousser. Ajouter les pétoncles et faire dorer d'un côté pendant 3 minutes. Retourner, saler et poivrer et poursuivre la cuisson pendant 2 à 3 minutes ou jusqu'à ce que les pétoncles soient croustillants. Égoutter sur du papier absorbant.

❸ Préchauffer le gril du four. Trancher les ciabattas à l'horizontale et couper une fine tranche sur la croûte du dessus pour qu'elle se tienne à plat lorsque retournée.

❹ Griller les ciabattas pendant 3 à 5 minutes. Retirer du four. Garnir généreusement chaque moitié de pain avec la crème de maïs, puis ajouter 3 à 4 pétoncles, selon la grosseur. Verser un peu de crème de maïs sur les pétoncles, garnir de miettes de bacon et de persil. Servir.

Canapés de pain noir au gravlax et au fenouil à l'orange

Dans tous les pays scandinaves, le saumon mariné (gravlax) aux épices et aux fines herbes est un incontournable. On le sert en entrée pour le repas du soir, à l'heure du brunch et dans tout buffet digne de ce nom (smöregåsbord). J'ai mangé le meilleur gravlax de ma vie, en Finlande, dans un charmant restaurant du quartier du marché d'Helsinki, dans le Vieux-Port. Le chef a eu la gentillesse de m'emmener en cuisine pour m'enseigner sa technique. Depuis, je prépare toujours cette recette toute simple, que j'ai adaptée en fonction des produits offerts au Québec, comme le sucre d'érable, qui remplace le sucre blanc.

**40 CANAPÉS ENVIRON • PRÉPARATION : 25 MINUTES • CUISSON : AUCUNE
MARINADE : DE 24 À 36 HEURES**

Gravlax

250 g (1 tasse) de sucre d'érable

250 g (1 tasse) de gros sel

5 baies de genièvre, écrasées

5 baies de poivre rose, écrasées

2 c. à thé (à café) de graines de fenouil

15 g (1 c. à soupe) de poivre noir du moulin

500 g (1 lb) de filet de saumon de l'Atlantique (partie du centre), paré*

2 bottes (2 tasses) d'aneth frais, divisé

60 ml (4 c. à soupe) de vodka

Canapés

1 bulbe de fenouil, tranché à la mandoline

500 ml (2 tasses) de crème à fouetter (35 %), très froide

15 ml (1 c. à soupe) de miel liquide

30 ml (2 c. à soupe) de moutarde de Dijon

15 g (4 c. à soupe) d'aneth frais, haché finement

10 tranches de pain de seigle noir, coupées en 4

1 orange pelée, coupée en fines rondelles et coupée en dés

Brins de fenouil, pour garnir

Sel et poivre du moulin

✱ SAUMON PARÉ

Dont on a retiré les arêtes et la peau. Pour cette recette, il est primordial d'acheter un saumon de qualité sushi chez un poissonnier de confiance, car le poisson sera servi cru.

Gravlax

❶ Dans un bol, mélanger le sucre d'érable, le sel et les épices, et bien enduire tout le saumon de ce mélange.

❷ Dans un plat en pyrex carré, étendre une feuille de pellicule de plastique assez longue pour couvrir le saumon parfaitement. Étendre la moitié de l'aneth dans le fond du plat, puis y déposer le saumon. Arroser le dessus du saumon avec la vodka et couvrir avec le reste de l'aneth. Refermer la pellicule de plastique sur le saumon. Bien sceller et couvrir avec un papier d'aluminium. Déposer une assiette et une boîte de conserve sur le saumon.

❸ Laisser mariner au réfrigérateur de 24 à 36 heures. Retirer le saumon de son emballage, essuyer avec du papier absorbant et disposer sur une planche. À l'aide d'un couteau très aiguisé, couper en tranches aussi fines que possible. Déposer les tranches dans une assiette, couvrir d'une pellicule de plastique et placer au réfrigérateur jusqu'au moment de préparer les canapés.

Canapés

❹ Saler et poivrer légèrement les tranches de fenouil. Dans un bol très froid, en utilisant des batteurs très froids, fouetter la crème jusqu'à la formation de pics fermes. Ne pas trop fouetter. Saler et poivrer, puis ajouter le miel, la moutarde et l'aneth en pliant délicatement.

❺ Tartiner les morceaux de pain avec la crème à la moutarde. Déposer une tranche de fenouil, du gravlax, un peu de crème et quelques dés d'orange. Garnir avec les brins de fenouil et servir avec de la vodka bien froide ou un sancerre.

Pitas au thon à la grecque

Cette recette est l'une des préférées de mon petit groupe de kayakistes de mer. Les ingrédients s'emportent facilement en expédition ou en pique-nique et prennent peu de place dans les bagages. En outre, ces sandwichs se préparent en un tournemain, sont très savoureux et nourrissants. On aime leur côté croquant! J'en fais aussi une version végétarienne, avec des pois chiches et du fromage feta.

4 PITAS • PRÉPARATION : 20 MINUTES • CUISSON : AUCUNE

2 boîtes de 198 g (7 oz) de thon blanc, égoutté et émietté

4 cœurs d'artichaut dans l'huile, égouttés et hachés finement

4 radis, coupés en bâtonnets

2 miniconcombres avec la pelure, hachés finement

1 petit oignon rouge, émincé

3 gousses d'ail, écrasées et hachées finement

16 olives Kalamata, dénoyautées et hachées finement

Le jus et le zeste de 1 citron

45 ml (3 c. à soupe) d'huile d'olive

2 c. à thé (à café) de feuilles d'origan frais

15 g (4 c. à soupe) de feuilles de basilic, hachées finement

4 pains pitas de blé entier

2 tomates, tranchées finement

Sel et poivre du moulin

❶ Dans un bol, mélanger délicatement le thon avec tous les ingrédients, sauf les tomates et les pitas. Saler et poivrer, au goût.

❷ À l'aide d'un couteau dentelé, ouvrir les pitas en portefeuille et répartir la garniture sur l'une des 2 faces ainsi obtenues. Ajouter les tomates, saler et poivrer, refermer les pitas, et rouler fermement.

❸ Envelopper la partie inférieure des sandwichs dans du papier d'aluminium, pour les garder roulés. Servir avec des bâtonnets de poivron et des tiges de cœur de céleri.

Petits pains briochés au homard et à la fleur d'ail

4 SANDWICHS • **PRÉPARATION : 20 MINUTES** • **CUISSON : 5 MINUTES**
RÉFRIGÉRATION : 30 MINUTES

500 g (1 lb) de chair de homard, cuite et hachée

4 ciboules avec les tiges, hachées finement

2 tiges de céleri, hachées finement

60 ml (4 c. à soupe) de mayonnaise

30 g (2 c. à soupe) de yogourt nature

2 c. à thé (à café) de fleur d'ail fermentée (facultatif)

Sel et poivre du moulin

4 petits pains briochés

❶ Dans un bol, mélanger délicatement tous les ingrédients, sauf les pains. Couvrir d'une pellicule de plastique et laisser reposer au réfrigérateur pendant 30 minutes pour que les saveurs se mélangent.

❷ Préchauffer le four à 220 °C/425 °F/th 7.

❸ Entre-temps, trancher les pains à l'horizontale et disposer sur une plaque de cuisson, en prenant soin de placer les faces intérieures sur le dessus. Griller pendant 5 minutes. Retirer du four. Répartir la préparation de homard sur les pains. Servir.

Sandwichs gourmands
sans viande

J'ai toujours eu un côté végétarien plus ou moins affirmé, parce que je ne peux pas résister au déferlement de couleurs, de saveurs et de textures que nous procurent les fruits et légumes. Pour un cuisinier, c'est une source inépuisable de créativité, même s'ils demandent un temps fou à préparer. Et puisque, dans ma famille, plusieurs personnes ont opté pour un menu végétarien, mon répertoire de recettes sans viande se bonifie avec les années.

Dans ce chapitre, si le fromage est présent comme source de protéines, les légumineuses et le soya sous toutes leurs formes sont aussi très souvent en vedette. Ces ingrédients sont non seulement sains et nutritifs, ils sont aussi délicieux si on sait comment les apprêter. On peut faire pas mal de chemin en réinterprétant le thème de la purée de pois chiches au tahini, si populaire ! Mais ne vous limitez pas au hoummos : osez des mariages inédits. Inspirez-vous des cuisines de l'Inde, de l'Asie du Sud-Est ou de l'Amérique latine, si bien pourvues en plats sans viande, et adaptez-les aux goûts de votre famille. Vos sandwichs n'en seront que plus originaux et séduisants !

BLT tout végétal de Laurent

Cette recette toute simple et savoureuse vous surprendra par son mélange de textures que sont les légumes, les olives et la purée de pois chiches qui la composent. C'est mon mari, Laurent, qui l'a mise au point, lui qui ne mange plus aucune protéine animale. Pour un repas complet, servez-la avec une crème de tomate.

4 SANDWICHS • PRÉPARATION : 15 MINUTES • CUISSON : 5 MINUTES, POUR LE PAIN GRILLÉ

8 tranches de pain au levain

180 g (¾ de tasse) de hoummos (recette ci-dessous)

4 ciboules avec les tiges, hachées finement

8 olives vertes, dénoyautées et hachées finement

8 champignons de Paris, en tranches

100 g (2 tasses) de miniroquette

8 à 12 tranches de tomates

8 à 12 tranches fines de concombres libanais

Sel et poivre du moulin

❶ Griller les tranches de pain et les badigeonner généreusement avec le hoummos. Garnir les 8 tranches de pain avec les ciboules, les olives vertes et les champignons en pressant légèrement. Ajouter la miniroquette, les tomates et les concombres. Saler et poivrer généreusement.

❷ Refermer avec les tranches de pain restantes pour former 4 sandwichs. Presser légèrement et couper chaque sandwich en moitiés.

Hoummos maison

500 G (2 TASSES ENVIRON) • PRÉPARATION : 10 MINUTES • CUISSON : AUCUNE

500 g (2 tasses) de pois chiches, cuits et égouttés

Le jus de 2 citrons

2 gousses d'ail, écrasées et hachées finement

30 ml (2 c. à soupe) de tahini*

1 c. à thé (à café) de cumin moulu

½ c. à thé (à café) de poivre de Cayenne

60 ml (4 c. à soupe) d'huile d'olive vierge

Un peu d'eau tiède, pour délayer (au besoin)

Sel et poivre du moulin

❶ Dans le bol du robot culinaire, mélanger tous les ingrédients jusqu'à l'obtention d'une purée homogène. Au besoin, ajouter un peu d'eau tiède pour délayer. Assaisonner, au goût.

✳ TAHINI

Pâte faite de graines de sésame rôties et moulues qui constitue un des ingrédients essentiels de la cuisine libanaise et du Moyen-Orient. On l'utilise pour préparer le hoummos. Vous le trouverez au rayon des produits importés de la plupart des supermarchés.

Sandwichs à la mousseline de tofu

Je l'avoue, comme bien des gens, j'ai du mal à apprécier le tofu, sauf celui servi dans les restaurants asiatiques. Cette recette fait exception, mais pour bien l'apprécier, il vaut mieux utiliser le tofu soyeux (silken) extraferme. Plus proche du tofu chinois, sa texture est agréable. Bien sûr, ces sandwichs sont santé à souhait, mais ils sont avant tout délicieux. Ils se préparent aussi en un clin d'œil et sont parfaits pour la boîte à lunch.

4 SANDWICHS • PRÉPARATION : 30 MINUTES • CUISSON : AUCUNE

Mousseline de tofu

1 paquet de 349 g (12,3 oz) de tofu soyeux* (silken), extraferme, égoutté et coupé en tranches de 1 cm (½ po) d'épaisseur

3 ciboules avec les tiges, hachées finement

60 ml (4 c. à soupe) de mayonnaise

15 ml (1 c. à soupe) de moutarde de Dijon

30 ml (2 c. à soupe) de vinaigre de cidre, divisé

½ c. à thé (à café) de poivre de Cayenne

1 c. à thé (à café) de curcuma

Sel et poivre du moulin

Sandwichs

2 carottes, râpées finement

1 panais, râpé finement

8 g (2 c. à soupe) de persil frisé, haché finement

30 ml (2 c. à soupe) de câpres, égouttées

15 ml (1 c. à soupe) d'huile d'olive vierge

Sel et poivre du moulin

8 tranches de pain de campagne

Mousseline de tofu

❶ Presser légèrement sur les tranches de tofu avec du papier absorbant pour extraire l'excès de liquide.

❷ Dans le bol du robot culinaire, mélanger le tofu, les ciboules, la mayonnaise, la moutarde, la moitié du vinaigre, le poivre de Cayenne et le curcuma jusqu'à l'obtention d'une texture crémeuse et homogène. Saler et poivrer, au goût. Réserver.

Sandwichs

❸ Dans un autre bol, mélanger les carottes, le panais, le persil, les câpres, le reste du vinaigre et l'huile d'olive. Saler et poivrer.

❹ Tartiner les 8 tranches de pain avec la mousseline de tofu. Sur la moitié des tranches, répartir la salade de carottes et de panais. Refermer les sandwichs avec les tranches de pain restantes. À l'aide d'un couteau dentelé, couper en moitiés et servir.

✱ TOFU SOYEUX

Contrairement au tofu pressé, qui est granuleux et dont la texture est un peu caoutchouteuse, le tofu soyeux, aussi appelé *silken,* a un taux d'humidité plus élevé et une texture lisse et brillante. Il est offert en trois textures : mou (pour les desserts et les smoothies), ferme (pour les soupes) et extraferme (pour les sautés ou les préparations à sandwichs). Certains tofus soyeux sont vendus réfrigérés et d'autres sont emballés en brique (pratiques contenants Tetra Pak) qui n'exigent pas de réfrigération avant ouverture. Vous en trouverez dans la plupart des supermarchés.

La meilleure baguette aux œufs

Ma mère n'aimait pas cuisiner, mais elle savait donner de la saveur et de la personnalité aux préparations les plus humbles. Ses trucs étaient simples, mais efficaces : donner du croquant avec les crudités, du goût avec l'ail et la famille des oignons, puis de la couleur et de la fraîcheur avec les herbes fraîches. Avouons que, dans le Québec des années soixante, cette approche pouvait passer pour révolutionnaire ! Aujourd'hui encore, quand je crée un plat, j'ai toujours en tête cet imbattable trio de maman qui permet à mes sandwichs aux œufs ou à ma salade de pommes de terre de se démarquer.

4 SANDWICHS • PRÉPARATION : 25 MINUTES • CUISSON : AUCUNE

8 œufs durs, écalés

75 ml (5 c. à soupe) de mayonnaise

15 ml (1 c. à soupe) de moutarde de Dijon

1 trait de sauce Tabasco

1 tige de céleri, hachée finement

1 échalote sèche, hachée finement

1 gousse d'ail, hachée finement

5 tiges de ciboulette, ciselées

30 ml (2 c. à soupe) de câpres, égouttées et hachées finement

Sel et poivre du moulin

4 morceaux de baguette de 25 cm (10 po)

❶ Dans un bol, à l'aide d'une fourchette, écraser les œufs jusqu'à ce que le blanc et le jaune forment un mélange homogène. Ajouter le reste des ingrédients, sauf le pain.

❷ Couper les morceaux de baguette à l'horizontale. Retirer un peu de mie sur les faces intérieures afin d'éviter que la préparation ne déborde. Répartir la garniture aux œufs sur la face inférieure des morceaux de baguette. Refermer les sandwichs et servir.

Pitas garnis de falafels, crudités et sauce au sésame

16 FALAFELS OU 4 PITAS • PRÉPARATION : 35 MINUTES • CUISSON : 35 MINUTES

Falafels

500 g (2 tasses) de pois chiches, cuits et égouttés

½ bouquet (½ tasse) de persil frisé, haché finement

½ bouquet (½ tasse) de coriandre, hachée finement

15 g (4 c. à soupe) de menthe fraîche, hachée finement

4 ciboules avec les tiges, hachées finement

3 gousses d'ail, écrasées et hachées finement

1 c. à thé (à café) de cumin moulu

1 c. à thé (à café) de coriandre moulue

1 c. à thé (à café) de sel

1 pincée de poivre de Cayenne

45 ml (3 c. à soupe) de tahini

45 ml (3 c. à soupe) d'eau tiède

45 g (3 c. à soupe) de farine de pois chiches*
(ou de blé entier)

15 g (4 c. à soupe) de chapelure de blé entier

60 ml (4 c. à soupe) d'huile d'olive

Sauce au sésame

125 ml (½ tasse) de tahini

125 ml (½ tasse) d'eau tiède

Le jus de 1 citron

1 gousse d'ail, écrasée et hachée finement

Pitas garnis

6 pains pitas, coupés en moitiés

2 tomates en tranches, pour garnir

1 concombre anglais, en tranches fines, pour garnir

1 oignon rouge, en tranches fines, pour garnir

½ botte (½ tasse) de coriandre hachée, pour garnir

Falafels

❶ Préchauffer le four à 220 °C/425 °F/th 7.

❷ Dans le bol du robot culinaire, mettre tous les ingrédients, sauf l'huile d'olive, et pulser jusqu'à l'obtention d'une pâte ferme. Ne pas trop pulser, sinon le mélange deviendra pâteux. Au besoin, ajouter un peu plus d'eau ou de farine.

❸ Façonner en boules de la grosseur d'un œuf et aplatir légèrement à l'aide d'une fourchette. Badigeonner les 2 faces des boulettes d'huile d'olive et disposer sur une plaque de cuisson.

❹ Cuire au four pendant 20 minutes, retourner et cuire 15 minutes de plus.

Sauce au sésame

❺ Dans un bol, mélanger tous les ingrédients à l'aide d'un fouet jusqu'à consistance crémeuse. Réserver.

Pitas garnis

❻ Réchauffer les moitiés de pita au four pendant 2 minutes. Garnir avec les falafels. Arroser de la sauce au sésame, puis ajouter les crudités et la coriandre. Arroser de nouveau avec un peu de sauce. Servir.

✳ **FARINE DE POIS CHICHES**

Cette farine sert de liant pour les préparations de boulettes et de pains de légumes, notamment. Vous la trouverez dans les épiceries d'alimentation naturelle.

Tartines au fromage bleu et aux poires, crumble de pacanes

Voici une des recettes que mon photographe (et cobaye favori !), Dominick Gravel, a le plus appréciée pendant les séances de photos de ce livre. Ses textures et ses saveurs sont à la fois contrastées et complémentaires : le fondant sucré de la poire et le mordant du fromage bleu se marient avec bonheur aux pacanes croquantes. Même ceux qui n'apprécient pas les fromages à pâte persillée dévoreront ces tartines avec appétit. Vous pouvez les servir à l'apéro en coupant chaque tartine en quatre morceaux. Servies avec un chardonnay bien frais qui a connu la barrique et des cœurs de fenouil et de céleri, elles seront un succès assuré !

4 TARTINES • PRÉPARATION : 15 MINUTES • CUISSON : 25 MINUTES

Crumble de pacanes

125 g (½ tasse) de pacanes, grossièrement hachées

30 g (½ tasse) de chapelure de pain frais (de blé entier, de préférence)

15 g (1 c. à soupe) de cassonade ou de sucre roux

15 g (1 c. à soupe) de beurre pommade

½ c. à thé (à café) de thym séché

Sel et poivre du moulin

Tartines

4 tranches de miche de blé entier

250 g (8 oz) de fromage bleu semi-crémeux

2 poires Bartlett

30 ml (2 c. à soupe) de jus de citron

Crumble de pacanes

❶ Avec les doigts, mélanger tous les ingrédients du crumble dans un bol. La consistance doit être grumeleuse, mais le crumble doit se tenir. Ajouter un peu de beurre pommade, au besoin. Réserver.

Tartines

❷ Préchauffer le four à 220 °C/425 °F/th 7.

❸ Sur une plaque de cuisson, disposer les tranches de pain et cuire pendant 5 minutes. Retirer du four et garnir avec le fromage. Remettre au four et faire gratiner de 10 à 12 minutes.

❹ Entre-temps, couper les poires en moitiés, retirer le cœur et trancher finement. Arroser les tranches de jus de citron et laisser reposer pendant 5 minutes. Éponger avec du papier absorbant.

❺ Retirer le pain du four, garnir avec les tranches de poires en les faisant se chevaucher légèrement. Répartir le crumble sur les poires et remettre au four pendant 8 minutes. Servir en repas avec une salade verte à l'huile de noix.

Ciabattas ouverts à la ratatouille gratinée

Cette recette de ratatouille vous donnera des restants qui se congèlent très bien jusqu'à trois mois.

4 CIABATTAS • PRÉPARATION: 40 MINUTES • CUISSON: 1 HEURE 25 MINUTES

Ratatouille

1 oignon, haché finement

60 ml (4 c. à soupe) d'huile d'olive

3 courgettes moyennes, hachées finement

1 aubergine moyenne, hachée finement

4 tomates séchées, hachées finement

6 gousses d'ail, hachées finement

30 ml (2 c. à soupe) de pâte de tomate

Sel et poivre du moulin

1 boîte de 398 ml (14 oz) de tomates italiennes, sans leur jus

1 c. à thé (à café) de thym séché

1 c. à thé (à café) de marjolaine séchée

½ c. à thé (à café) de romarin séché et moulu

½ c. à thé (à café) de flocons de piment

125 g (½ tasse) d'olives noires, dénoyautées et hachées

Sandwichs

4 pains ciabattas

45 ml (3 c. à soupe) de moutarde de Dijon

750 g (3 tasses) de ratatouille

250 g (8 oz) de gruyère ou d'emmenthal, râpé

60 g (2 oz) de parmigiano reggiano, râpé

Ratatouille

❶ Dans un faitout, faire suer l'oignon dans l'huile d'olive à feu moyen pendant 5 minutes. Ajouter les courgettes, l'aubergine, les tomates séchées et l'ail et poursuivre la cuisson pendant 5 minutes.

❷ Ajouter la pâte de tomate et bien remuer. Saler et poivrer généreusement, puis ajouter les tomates, les fines herbes et les flocons de piment. Cuire à découvert pendant 1 heure, en remuant à l'occasion. Dix minutes avant la fin de la cuisson, ajouter les olives.

Sandwichs

❸ Préchauffer le four à 220°C/425°F/th 7.

❹ Trancher les pains à l'horizontale. Disposer les moitiés de ciabattas sur une plaque de cuisson en coupant un peu de croûte, au besoin, pour s'assurer que les pains sont bien à plat. Tartiner avec la moutarde de Dijon, puis ajouter une généreuse portion de ratatouille.

❺ Mélanger les 2 fromages râpés et répartir ensuite sur les moitiés de ciabattas. Faire gratiner pendant 15 minutes ou jusqu'à ce que le fromage soit doré et forme des bulles. Au besoin, placer sous le gril quelques minutes. Servir.

Tartines de betteraves à la russe

8 TARTINES • PRÉPARATION : 20 MINUTES • CUISSON : AUCUNE

80 ml (⅓ de tasse) de crème sure ou aigre

80 ml (⅓ de tasse) de mayonnaise

1 c. à thé (à café) de raifort en pot

15 ml (1 c. à soupe) de vinaigre de cidre

4 betteraves rouges moyennes, cuites, pelées et coupées en juliennes*

4 ciboules avec les tiges, hachées finement

15 g (4 c. à soupe) d'aneth frais, haché finement

8 tiges de ciboulette, ciselées

½ c. à thé (à café) de graines de carvi

½ c. à thé (à café) de graines de fenouil

6 œufs durs, écalés

8 tranches de pain de seigle noir

8 g (2 c. à soupe) d'aneth frais, pour garnir

Sel et poivre du moulin

❶ Dans un petit bol, mélanger la crème sure, la mayonnaise, le raifort et le vinaigre de cidre. Saler et poivrer. Mettre la moitié du mélange dans un autre bol et réserver au réfrigérateur jusqu'au moment de tartiner le pain.

❷ Mettre les juliennes de betteraves dans le bol contenant le mélange de crème sure. Ajouter les ciboules, l'aneth, la ciboulette, le carvi et les graines de fenouil. Saler et poivrer.

❸ Trancher finement les œufs durs. Tartiner les 8 tranches de pain avec le mélange de crème sure réservé. Disposer les tranches d'œufs durs sur le pain, saler et poivrer, puis répartir la salade de betteraves. Garnir avec un peu d'aneth et servir.

✱ JULIENNES

Manière de tailler les légumes en petits bâtonnets de taille égale.

Croûtes aux champignons rôtis et fines herbes

6 CROÛTES • PRÉPARATION : 40 MINUTES • CUISSON : 45 MINUTES

Garniture

45 g (⅔ de tasse) de chapelure

30 g (2 c. à soupe) de beurre

1 c. à thé (à café) de feuilles de thym frais

Sel et poivre du moulin

Croûtes

2 échalotes sèches, hachées finement

15 ml (1 c. à soupe) d'huile d'olive

45 g (3 c. à soupe) de beurre

250 g (3 tasses) de champignons variés (pleurotes, shiitakes, bolets, café, de Paris, etc.), en tranches

1 c. à thé (à café) de feuilles de thym frais

125 ml (½ tasse) de vin blanc

Sel et poivre du moulin

2 gousses d'ail, hachées finement

15 ml (1 c. à soupe) de moutarde de Dijon

15 g (1 c. à soupe) de farine non blanchie

180 ml (¾ de tasse) de crème légère (15 %)

15 g (4 c. à soupe) de persil frisé, haché finement

250 g (8 oz) de cheddar fort, râpé grossièrement

6 tranches épaisses de miche au levain

* MOUILLER

Ajouter en cours de cuisson un liquide à un plat pour lui donner plus de saveur et de volume : bouillon, eau, lait ou vin.

Garniture

❶ Dans un petit bol, mélanger la chapelure avec le beurre et le thym. Saler et poivrer. Réserver.

Croûtes

❷ Dans une poêle, faire suer les échalotes dans l'huile d'olive à feu moyen-doux pendant 10 minutes. Augmenter le feu à moyen-vif, ajouter le beurre, faire mousser, puis ajouter les champignons et le thym. Cuire pendant environ 10 minutes en remuant à l'occasion. Mouiller* avec le vin blanc et laisser réduire presque à sec.

❸ Réduire le feu à moyen-doux, saler et poivrer, au goût. Ajouter l'ail et la moutarde, et cuire pendant 2 minutes. Ajouter la farine en remuant, puis la crème. Cuire pendant 5 minutes. Rectifier l'assaisonnement. Ajouter le persil et le cheddar, et remuer constamment jusqu'à ce que le fromage soit fondu.

❹ Entre-temps, préchauffer le four à 220 °C/425 °F/ th 7. Faire griller le pain au grille-pain ou au four pour le sécher légèrement. Déposer sur une plaque de cuisson couverte de papier parchemin.

❺ Répartir la sauce aux champignons et au cheddar sur les tranches de pain. Garnir avec le mélange de chapelure et cuire pendant 10 minutes. Passer ensuite sous le gril pendant 3 à 5 minutes pour gratiner le fromage. Servir avec une salade verte.

Bagels grillés au brie, confit de canneberges épicées et graines de citrouille rôties

Ces bagels garnis sont délicieux à l'heure du brunch accompagné d'un verre de blanc bien frais.
Servez-les avec une salade d'épinards et d'endives à l'orange et au fenouil et une vinaigrette crémeuse.

**4 BAGELS • PRÉPARATION : 25 MINUTES • CUISSON : 1 HEURE 10 MINUTES
RÉFRIGÉRATION : DE 12 À 24 HEURES • REPOS : 30 MINUTES**

Confit de canneberges

500 g (2 tasses) de canneberges (ou d'airelles)

250 g (1 tasse) de sucre d'érable (ou de sucre blanc)

Le jus et le zeste de 1 orange

1 bâtonnet de cannelle

1 anis étoilé

2 clous de girofle entiers

½ c. à thé (à café) de gingembre moulu

45 ml (3 c. à soupe) de Cointreau

Bagels

4 bagels

400 g (12 oz) de brie (ou autre fromage à croûte fleurie)

125 g (½ tasse) de graines de citrouille, écalées et rôties

30 ml (2 c. à soupe) de sirop d'érable (ou de miel)

Confit de canneberges

❶ Dans une casserole à fond épais, verser tous les ingrédients. Cuire à feu moyen-doux, à découvert, pendant 1 heure, en remuant à l'occasion.

❷ Retirer du feu et laisser reposer à température ambiante pendant au moins 30 minutes. Retirer le bâton de cannelle, l'anis étoilé et les clous de girofle. Verser dans un bocal de verre, couvrir et placer au réfrigérateur pendant 12 à 24 heures.

Bagels

❸ Préchauffer le four à 220 °C/425 °F/th 7. Trancher les bagels en 2 sur l'épaisseur, faire griller légèrement au grille-pain, puis disposer sur une plaque de cuisson couverte de papier parchemin.

❹ Trancher le fromage en lanières. Mélanger les graines de citrouille avec le sirop d'érable. Garnir les bagels avec les tranches de brie, tartiner généreusement de confit de canneberges et parsemer de graines de citrouille.

❺ Cuire au four pendant 10 minutes ou jusqu'à ce que le brie soit bien fondant. Servir.

Miche farcie à la provençale

Ce sandwich géant qu'on sert en pointe a une apparence spectaculaire.
Ses saveurs bien affirmées nous emmènent tout droit au pays des cigales et de Pagnol.

8 À 10 PORTIONS • PRÉPARATION: 30 MINUTES • CUISSON: 50 MINUTES

60 ml (4 c. à soupe) d'huile d'olive vierge

1 aubergine moyenne, en rondelles de 1 cm (½ po)

Sel et poivre du moulin

4 branches de thym

1 miche de blé entier de 25 cm à 30 cm (10 po à 12 po) de diamètre

125 g (½ tasse) de tapenade d'olives noires

375 g (1 ½ tasse) de fromage de chèvre crémeux, divisé

2 poivrons rouges grillés en pot, en tranches

16 artichauts conservés dans l'huile, égouttés et coupés en 3

100 g (2 tasses) de miniépinards

Variante

Si vous n'aimez pas le fromage de chèvre, vous pouvez le remplacer par du fromage à la crème.

❶ Préchauffer le four à 220 °C/425 °F/th 7. Badigeonner d'huile d'olive les rondelles d'aubergine. Saler et poivrer et ajouter les branches de thym. Cuire au four pendant 15 minutes ou jusqu'à ce que les rondelles soient tendres. Retirer du four, jeter le thym et laisser reposer à température ambiante.

❷ Couper une calotte de 5 cm (2 po) sur le dessus de la miche et retirer un peu de mie de la calotte. Évider le pain, en prenant soin de conserver 5 cm (2 po) de mie tout le tour de la croûte.

❸ Badigeonner l'intérieur de la miche et de la calotte avec la tapenade. Garnir avec la moitié des rondelles d'aubergine, en les faisant se chevaucher légèrement. Ajouter le tiers du fromage de chèvre et poursuivre avec la moitié des tranches de poivrons et la moitié des artichauts. Répéter l'opération et terminer avec les miniépinards. Couvrir avec le reste du fromage. Presser légèrement et envelopper la miche dans du papier d'aluminium.

❹ Cuire dans un four préchauffé à 200 °C/400 °F/th 6 pendant 20 minutes. Sortir la miche du four. Retirer délicatement le papier d'aluminium et remettre au four pendant 10 à 15 minutes ou jusqu'à ce que la miche soit bien chaude et légèrement croustillante.

❺ Retirer du four, laisser reposer pendant 5 minutes, puis couper en pointes. Servir avec un verre de vin rosé de Provence.

Sandwichs aux portobellos et au tofu grillés à l'asiatique

Pour ceux que la viande rebute, ces sandwichs sont une option intéressante.
La marinade à base de miso leur confère beaucoup de personnalité. La texture des portobellos
évoque un peu celle de la viande, tandis que le tofu assure un bon niveau de protéines.

4 SANDWICHS • PRÉPARATION : 35 MINUTES • CUISSON : 30 MINUTES • MARINADE : 30 MINUTES

Marinade

45 ml (3 c. à soupe) de sauce soya

30 ml (2 c. à soupe) de sirop d'érable

15 g (1 c. à soupe) de miso

15 g (1 c. à soupe) de beurre d'arachide

30 ml (2 c. à soupe) de vinaigre de riz

60 ml (4 c. à soupe) de jus d'orange

30 ml (2 c. à soupe) d'huile de sésame rôti

1 morceau de gingembre de 5 cm (2 po), pelé et râpé

2 gousses d'ail, écrasées et hachées

½ c. à thé (à café) de sauce Sriracha

Sandwichs

250 g (8 oz) de tofu soyeux (*silken*) extraferme, égoutté et coupé en tranches de 1 cm (½ po) d'épaisseur

4 gros portobellos

60 ml (4 c. à soupe) d'huile d'arachide, divisée

4 pains empereurs au sésame

45 ml (3 c. à soupe) de moutarde de Dijon

45 ml (3 c. à soupe) de mayonnaise

2 tomates, en tranches fines

100 g (2 tasses) de laitue iceberg, émincée

Marinade

❶ Dans un bol, mélanger tous les ingrédients et réserver.

Sandwichs

❷ Presser légèrement sur les tranches de tofu avec du papier absorbant pour extraire l'excès de liquide.

❸ Couper les pieds des champignons. À l'aide d'un petit couteau, retirer les lamelles noires.

❹ À l'aide d'un pinceau, badigeonner généreusement les 2 faces des portobellos et du tofu avec la marinade. Laisser reposer pendant 30 minutes à température ambiante en badigeonnant de nouveau les champignons et le tofu toutes les 10 minutes.

❺ Faire chauffer la moitié de l'huile dans une poêle à feu moyen-vif. Déposer les portobellos dans la poêle et les faire griller pendant 10 minutes en badigeonnant de marinade à 1 ou 2 reprises. À l'occasion, presser légèrement les champignons à l'aide d'une spatule. Retourner et poursuivre la cuisson pendant 6 à 8 minutes.

❻ Pendant que les champignons cuisent, chauffer le reste de l'huile dans une autre poêle à feu moyen-vif. Ajouter les tranches de tofu et cuire pendant 5 minutes de chaque côté.

❼ Entre-temps, couper les pains à l'horizontale et faire griller pendant 3 à 5 minutes sous le gril.

❽ Tartiner les faces intérieures des pains avec la moutarde et les faces inférieures avec la mayonnaise. Sur chaque pain, déposer 1 champignon, tête en bas, puis répartir le tofu rôti dans la cavité. Garnir avec les tranches de tomates et la laitue. Refermer les pains et servir.

Sandwichs hollandais pressés au gouda et aux oignons rouges rôtis au cumin

Ma visite des fromageries d'Édam et de Gouda, en Hollande, m'a inspiré ces sandwichs. Les petits cafés de la région offrent toutes sortes de variétés de sandwichs grillés avec ces fromages emblématiques du pays. Plusieurs mettent le cumin en vedette, tandis que d'autres servent ces fromages avec du pain de seigle et des confitures maison. Délicieux ! Ici, je me suis encore une fois amusée à créer des contrastes de saveurs et de textures.

4 SANDWICHS • PRÉPARATION : 30 MINUTES • CUISSON : 35 MINUTES

Oignons rouges rôtis au cumin

2 oignons rouges, émincés

1 c. à thé (à café) de graines de cumin

45 ml (3 c. à soupe) d'huile d'olive

2 gousses d'ail, hachées finement

15 ml (1 c. à soupe) de miel de trèfle

Sandwichs

8 tranches de pain de seigle

60 g (4 c. à soupe) de beurre pommade, divisé

125 ml (½ tasse) de moutarde de Meaux

500 g (1 lb) de gouda, en tranches fines

Oignons rouges rôtis au cumin

❶ Dans une poêle à fond épais, faire suer les oignons avec le cumin dans l'huile d'olive à feu moyen-doux pendant 10 minutes. Ajouter l'ail et cuire 5 minutes. Ajouter le miel, augmenter le feu à moyen-vif et cuire pendant 5 minutes ou jusqu'à ce que les oignons commencent à rôtir. Retirer du feu.

Sandwichs

❷ Tartiner 4 tranches de pain avec la moitié du beurre et disposer sur une planche ou dans une assiette, côté beurré en dessous. Badigeonner l'intérieur des 8 tranches de pain avec la moutarde. Étendre la moitié des tranches de fromage sur les 4 tranches de pain beurrées et garnir généreusement avec les oignons rôtis au cumin. Couvrir avec le reste du fromage. Fermer les sandwichs avec les 4 tranches de pain restantes (côté badigeonné de moutarde contre le fromage).

❸ Préchauffer le gril du presse-panini (ou une poêle striée à fond épais). Déposer les sandwichs (côté beurré) sur la plaque avec précaution. Beurrer la face extérieure des sandwichs avec le reste du beurre pommade. Refermer le presse-panini (ou déposer une assiette et une boîte de conserve sur la poêle de façon à presser les sandwichs) et cuire pendant 15 minutes ou jusqu'à ce que le pain soit bien doré et le fromage, fondu. Retourner le sandwich à mi-cuisson si une poêle est utilisée. Pour un repas complet, servir avec une soupe aux légumes.

Croissants aux œufs brouillés, champignons de Paris, ciboule et huile de truffe

Ces croissants sont très appréciés à l'heure du brunch. Servez-les avec une salade d'agrumes et de grains de grenade et un expresso allongé.

4 CROISSANTS • PRÉPARATION : 20 MINUTES • CUISSON : 15 MINUTES

45 g (3 c. à soupe) de beurre, divisé

250 g (3 tasses) de champignons de Paris, émincés

4 ciboules, hachées finement

8 g (2 c. à soupe) de persil frisé, haché finement

8 œufs

60 ml (4 c. à soupe) de crème épaisse (35 %), divisée

1 c. à thé (à café) d'huile de truffe blanche

4 croissants au beurre

2 c. à thé (à café) de ciboulette, ciselée, pour garnir

Sel et poivre du moulin

❶ Dans une poêle, faire chauffer la moitié du beurre à feu moyen-vif. Ajouter les champignons et cuire pendant 5 minutes. Ajouter les ciboules et cuire 2 minutes de plus. Saler et poivrer, ajouter le persil et retirer les champignons de la poêle. Réserver au chaud.

❷ Entre-temps, dans un bol, battre les œufs avec la moitié de la crème jusqu'à ce que le mélange soit homogène. Saler et poivrer. Dans la poêle ayant servi à cuire les champignons, ajouter le reste du beurre et faire mousser, sans coloration, à feu moyen-vif.

❸ Verser les œufs battus dans la poêle et laisser prendre pendant environ 20 secondes. Ajouter les champignons réservés puis, à l'aide d'une spatule, remuer les œufs constamment pour les brouiller. Ne pas trop cuire. Dès que le mélange commence à prendre, éteindre le feu et ajouter le reste de la crème et l'huile de truffe, en remuant. Rectifier l'assaisonnement.

❹ Entre-temps, préchauffer le four à 180 °C/350 °F/ th 4. Réchauffer les croissants au four pendant 5 minutes. À l'aide d'un couteau denté, couper les croissants à l'horizontale. Répartir les œufs brouillés sur les croissants, garnir de ciboulette et servir.

Quésadillas aux haricots noirs et au monterey jack

4 QUÉSADILLAS • PRÉPARATION: 25 MINUTES • CUISSON: 35 MINUTES

30 ml (2 c. à soupe) d'huile d'olive

1 oignon rouge, haché finement

2 gousses d'ail, hachées finement

1 poivron rouge, haché finement

500 g (2 tasses) de haricots noirs, cuits et égouttés

125 ml (½ tasse) de salsa moyenne ou piquante

2 c. à thé (à café) de cumin moulu

1 c. à thé (à café) de coriandre moulue

Sel et poivre du moulin

375 g (1 ½ tasse) de monterey jack, râpé

½ botte (½ tasse) de coriandre, hachée finement

8 tortillas de farine de grosseur moyenne

❶ Dans une poêle, faire chauffer l'huile d'olive à feu moyen. Ajouter l'oignon et cuire pendant 5 minutes. Ajouter l'ail et le poivron rouge, et poursuivre la cuisson pendant 5 minutes.

❷ Entre-temps, dans un bol, écraser légèrement les haricots à la fourchette. Ajouter aux légumes cuits, avec la salsa, le cumin et la coriandre moulue, et poursuivre la cuisson pendant 5 minutes. Saler et poivrer, au goût. Retirer du feu et ajouter le fromage. Bien mélanger, puis ajouter la coriandre hachée en remuant délicatement.

❸ Préchauffer le four à 200°C/400°F/th 6. Couvrir 2 plaques de cuisson de papier parchemin et disposer 2 tortillas sur chacune. Répartir le mélange de légumes et de haricots au fromage sur les tortillas. Couvrir avec les tortillas restantes en pressant légèrement. Cuire pendant 20 minutes ou jusqu'à ce que le fromage soit fondu et les tortillas, légèrement brunies. Retirer du feu, couper chaque quésadilla en 4 pointes à l'aide d'un couteau dentelé et servir.

Sandwichs à la tapenade d'épinards et au halloumi grillé

C'est un ami libanais qui m'a fait connaître ce délicieux fromage, qui est devenu depuis un des favoris de nos cocktails sur la terrasse. Comme il est assez salé, il se conserve bien. Nous l'utilisons aussi lors de nos expéditions de kayak-camping en le servant simplement rôti au-dessus des braises. Cependant, ce fromage n'est pas destiné à être dégusté tel quel : il a besoin d'être rôti pour révéler son plein potentiel. Ici, le mélange d'épinards, d'artichauts, de citron et de poivrons grillés respecte bien ses origines méditerranéennes.

4 SANDWICHS • PRÉPARATION : 40 MINUTES • CUISSON : 10 MINUTES

Tapenade d'épinards

100 g (2 tasses) de miniépinards

12 artichauts conservés dans l'huile, égouttés

45 ml (3 c. à soupe) de l'huile des artichauts

2 gousses d'ail, écrasées et hachées

Le jus et le zeste de 1 citron

1 pincée de flocons de piment

Sel et poivre du moulin

Sandwichs

375 g (12 oz) de halloumi*, coupé en tranches de 1 cm (½ po) d'épaisseur

4 petits pains croûtés

2 poivrons rouges grillés en pot, en tranches

4 feuilles de laitue romaine

Tapenade d'épinards

❶ Dans le bol du robot culinaire, réduire tous les ingrédients de la tapenade d'épinards en purée homogène. Réserver au réfrigérateur jusqu'au moment de servir.

Sandwichs

❷ Chauffer une poêle antiadhésive à feu moyen-vif. Ajouter le fromage et cuire 5 minutes de chaque côté ou jusqu'à ce qu'il soit doré.

❸ Entre-temps, couper les pains à l'horizontale. Tartiner généreusement les 2 faces intérieures avec la tapenade. Garnir avec le halloumi, les tranches de poivrons et la laitue. Refermer et servir avec un verre de jus de tomate et une salade de courgettes et d'olives Kalamata.

✳ HALLOUMI

Fromage mi-ferme légèrement salé originaire de l'île de Chypre. Très populaire dans la cuisine libanaise, il est traditionnellement fabriqué avec du lait de brebis, mais celui qu'on trouve au Québec est à base de lait de vache. Ce fromage ne fond pas à la cuisson et se grille très bien à la poêle ou au barbecue. Vous trouverez le halloumi dans les épiceries moyen-orientales et dans certains supermarchés.

Sandwichs de pâté végétal aux pistaches

Cette recette de pâté végétal se conserve une semaine au réfrigérateur et trois mois au congélateur.
On peut aussi la préparer avec des noix d'acajou. Elle vous donnera seize sandwichs.

4 SANDWICHS • PRÉPARATION : 25 MINUTES • CUISSON : 1 HEURE • REPOS : 30 MINUTES

Pâté végétal

250 g (1 tasse) de pistaches écalées

125 g (½ tasse) de farine de blé entier

45 ml (3 c. à soupe) de jus de citron

125 ml (½ tasse) d'huile d'olive vierge

30 g (½ tasse) de levure nutritionnelle en flocons*

1 ½ c. à thé (à café) de sel

1 pomme de terre rouge, pelée et râpée finement

1 tige de céleri, hachée finement

1 oignon, haché finement

1 grosse carotte, en rondelles

3 gousses d'ail, hachées finement

375 ml (1 ½ tasse) de bouillon de légumes

½ c. à thé (à café) de thym séché

½ c. à thé (à café) de marjolaine séchée

1 c. à thé (à café) de moutarde en poudre

½ c. à thé (à café) de poivre noir, moulu finement

Sandwichs

4 petits pains de grains entiers

45 ml (3 c. à soupe) de mayonnaise

45 ml (3 c. à soupe) de moutarde de Dijon

50 g (1 tasse) de carottes, râpées finement

4 feuilles de laitue frisée

50 g (1 tasse) de pousses vertes (radis, tournesol, etc.)

Pâté végétal

❶ Préchauffer le four à 180°C/350°F/th 4. Huiler légèrement un moule carré de 20 cm X 20 cm (8 po X 8 po).

❷ Au robot culinaire, hacher les pistaches et le reste des ingrédients jusqu'à l'obtention d'une préparation homogène ayant l'apparence d'une fine mouture.

❸ Verser la préparation dans le moule et cuire au centre du four pendant 1 heure. Retirer du four et laisser reposer pendant 30 minutes sur une grille. Couper en tranches.

Sandwichs

❹ Au moment de préparer les sandwichs, couper les pains à l'horizontale. Tartiner les 2 faces intérieures avec la mayonnaise et la moutarde de Dijon, puis étendre une bonne quantité de pâté sur la face inférieure des pains. Ajouter les carottes râpées, la laitue frisée et les pousses vertes. Refermer les sandwichs en pressant légèrement et servir.

✱ LEVURE NUTRITIONNELLE EN FLOCONS

Levure très riche en protéines et en vitamines produite sur un bouillon de culture de mélasse. Les végétaliens l'utilisent comme condiment pour augmenter leur apport en nutriments. Elle se dissout facilement dans le liquide, a un léger goût de fromage et est offerte en flocons ou en granules. Vous en trouverez dans les magasins d'alimentation naturelle.

Paninis à la mozzarella de bufflonne et aux légumes rôtis

4 PANINIS • PRÉPARATION : 45 MINUTES • CUISSON : DE 30 À 35 MINUTES

2 courgettes moyennes, tranchées sur la longueur

1 petite aubergine, en fines rondelles

12 asperges, parées

30 ml (2 c. à soupe) de l'huile des tomates confites

½ c. à thé (à café) de flocons de piment

2 gousses d'ail, écrasées et hachées finement

4 paninis

60 g (4 c. à soupe) de pesto

2 boules de mozzarella de bufflonne, en tranches fines

8 tomates confites dans l'huile d'olive, égouttées et coupées en lanières

Sel et poivre du moulin

❶ Préchauffer le four à 220 °C/425 °F/th 7.

❷ À l'aide d'un pinceau, badigeonner les tranches de courgettes, les rondelles d'aubergine et les asperges avec l'huile des tomates confites.

❸ Sur une plaque de cuisson, griller les légumes pendant 10 minutes à feu vif ou jusqu'à ce qu'ils soient grillés. Retourner et poursuivre la cuisson pendant 10 minutes. Ajouter les flocons de piment et l'ail. Saler et poivrer. Réserver au chaud.

❹ Entre-temps, couper les paninis à l'horizontale. Tartiner l'intérieur avec le pesto. Sur la partie inférieure des pains, répartir les légumes, puis couvrir avec les tranches de mozzarella et les lanières de tomates confites. Saler et poivrer.

❺ Préchauffer le presse-panini et cuire pendant 15 minutes ou jusqu'à ce que le fromage soit fondu et les pains, bien dorés. Servir.

Variante

N'hésitez pas à remplacer la mozzarella par du fromage de chèvre.

Tartines grillées à la courge, aux haricots verts et aux noix

6 TARTINES • PRÉPARATION: 50 MINUTES • CUISSON: 50 MINUTES

1 courge musquée, coupée en 2 et épépinée

80 ml (⅓ de tasse) d'huile d'olive, divisée

4 gousses d'ail avec la pelure

4 branches de thym

375 g (1 ½ tasse) de haricots verts, parés

45 ml (3 c. à soupe) de sirop d'érable

½ c. à thé (à café) de poivre de Cayenne

6 tranches épaisses de miche au levain, grillées et refroidies

180 g (¾ de tasse) de noix de Grenoble, grillées et hachées finement

Sel et poivre du moulin

❶ Préchauffer le four à 200 °C/400 °F/th 6. Piquer les moitiés de courge à plusieurs endroits avec une fourchette. À l'aide d'un pinceau, badigeonner la chair avec un peu d'huile d'olive. Saler et poivrer. Badigeonner les gousses d'ail avec un peu d'huile et placer dans les cavités des courges, avec le thym. Placer sur une plaque de cuisson couverte de papier parchemin et cuire au four pendant 45 minutes ou jusqu'à ce que la courge soit cuite et dorée. Retirer du four, réserver l'ail et jeter le thym. Laisser refroidir à température ambiante.

❷ Entre-temps, cuire les haricots dans une grande casserole d'eau bouillante salée pendant 3 à 4 minutes. Ils doivent être légèrement al dente. Retirer du feu, égoutter et plonger dans un bain d'eau glacée. Égoutter de nouveau et déposer sur du papier absorbant. Réserver.

❸ Presser légèrement les gousses d'ail entre le pouce et l'index pour extraire la chair. Mettre dans un petit bol et écraser à l'aide d'une fourchette. Saler et poivrer. Réserver.

❹ À l'aide d'une cuillère, évider les courges et mettre dans le bol du robot culinaire, avec l'ail, le sirop d'érable, le poivre de Cayenne et 45 ml (3 c. à soupe) d'huile d'olive. Mélanger jusqu'à consistance homogène, puis saler et poivrer. Réserver à température ambiante.

❺ Faire chauffer le reste de l'huile d'olive dans une poêle à feu vif. Ajouter les haricots et rôtir pendant 2 à 3 minutes.

❻ Tartiner généreusement les tranches de pain grillées avec la purée de courge. Ajouter les haricots et parsemer de noix de Grenoble hachées. Servir avec un riesling allemand mi-sec.

Sandwichs à l'écrasé d'edamames et aux tomates

4 SANDWICHS • PRÉPARATION : 20 MINUTES • CUISSON : 3 MINUTES

500 g (2 tasses) d'edamames surgelés et écossés

2 c. à thé (à café) de fleur d'ail fermentée (ou fraîche)

30 ml (2 c. à soupe) d'huile d'olive vierge

½ botte (½ tasse) de coriandre, hachée finement

8 g (2 c. à soupe) de menthe fraîche, hachée finement

8 g (2 c. à soupe) d'aneth frais, haché finement

Sel et poivre du moulin

4 pains empereurs de blé entier

60 ml (4 c. à soupe) de mouhamara

2 tomates, en tranches

½ oignon, en rondelles

8 feuilles de laitue Boston ou frisée

❶ Dans une casserole d'eau bouillante salée, blanchir les edamames pendant 3 minutes. Rincer à l'eau froide, bien égoutter, puis déposer dans un bol.

❷ À l'aide d'une fourchette ou d'un pilon, écraser grossièrement les edamames. Ajouter la fleur d'ail et l'huile d'olive et poursuivre l'opération jusqu'à l'obtention d'une texture homogène. Ajouter les fines herbes, saler et poivrer.

❸ Couper les pains à l'horizontale. Tartiner chaque moitié avec le mouhamara. Étaler l'écrasé d'edamames sur la moitié inférieure des pains. Ajouter les tomates, les rondelles d'oignon et la laitue. Refermer les sandwichs en pressant légèrement. Servir.

Sandwichs végétariens à la grecque

4 SANDWICHS • **PRÉPARATION : 25 MINUTES** • **ÉGOUTTAGE : 2 HEURES** • **CUISSON : 3 MINUTES**

250 g (1 tasse) de yogourt nature

30 ml (2 c. à soupe) d'huile d'olive vierge

1 concombre anglais, pelé, coupé en 2 sur la longueur et épépiné

6 ciboules avec les tiges, hachées finement

4 gousses d'ail, écrasées et hachées finement

125 ml (½ tasse) d'olives Kalamata, dénoyautées

125 g (4 oz) de feta, égoutté, rincé et émietté

60 g (4 c. à soupe) de noix de pin, rôties

8 g (2 c. à soupe) de feuilles d'origan frais

8 g (2 c. à soupe) de feuilles de thym frais

8 g (2 c. à soupe) de feuilles de basilic frais

4 pains pitas de blé entier

Sel et poivre du moulin

❶ Déposer un tamis fin sur un bol. Couvrir le tamis avec 2 filtres à café ou 1 morceau d'étamine. Verser le yogourt et laisser égoutter pendant 2 heures au réfrigérateur.

❷ Dans un autre bol, verser le yogourt égoutté et l'huile d'olive et bien mélanger.

❸ À l'aide de papier absorbant, éponger les cavités du concombre pour retirer le plus possible d'eau de végétation. Saler et poivrer, puis hacher très finement. Ajouter au yogourt, avec les ciboules, l'ail et les olives.

❹ Préchauffer le four à 180 °C/350 °F/th 4.

❺ Ajouter le feta, les noix de pin et les fines herbes à la préparation Poivrer, au goût. Réchauffer les pitas pendant 3 minutes au four, puis répartir la garniture sur chaque pain. Servir avec une salade de tomates.

Pains naans aux épinards et aux pois chiches à l'indienne

4 SANDWICHS • **PRÉPARATION : 30 MINUTES** • **CUISSON : 5 MINUTES** • **REPOS : 30 MINUTES**

500 g (2 tasses) de pois chiches, cuits et égouttés

100 g (2 tasses) de miniépinards, hachés finement

½ oignon rouge, émincé finement

1 orange, pelée, coupée en tranches et hachée finement

1 poivron rouge, en fines lanières

½ botte (½ tasse) de coriandre, hachée finement

2 c. à thé (à café) de curcuma

1 c. à thé (à café) de cumin moulu

1 c. à thé (à café) de graines de coriandre

½ c. à thé (à café) de moutarde en grains

½ c. à thé (à café) de cannelle moulue

1 c. à thé (à café) de gingembre, pelé et râpé

125 ml (½ tasse) de jus d'orange

30 ml (2 c. à soupe) de jus de lime

Sel et poivre du moulin

60 ml (4 c. à soupe) d'huile de canola (colza)

4 pains naans

❶ Dans un bol, mélanger les pois chiches, les miniépinards, l'oignon rouge, l'orange, le poivron et la coriandre hachée.

❷ Dans un autre bol, mettre les épices, le gingembre, le jus d'orange et le jus de lime. Bien mélanger. Saler et poivrer généreusement, puis ajouter l'huile. Verser sur les légumes et remuer délicatement. Laisser reposer pendant 30 minutes à température ambiante pour que les saveurs se mélangent.

❸ Préchauffer le four à 180 °C/350 °F/th 4. Réchauffer les pains naans pendant 5 minutes.

❹ Répartir ensuite la garniture de pois chiches sur les pains et servir avec un lassi (smoothie) au yogourt et à la mangue pour un agréable contraste entre le piquant de la salade de pois chiches et l'onctuosité du lassi.

Lassi à la mangue

4 PORTIONS • **PRÉPARATION : 15 MINUTES**

250 g (1 tasse) de yogourt nature

250 ml (1 tasse) de lait (ou de boisson de soya non sucrée)

2 mangues, pelées, dénoyautées et hachées grossièrement

30 ml (2 c. à soupe) de miel

½ c. à thé (à café) de cardamome moulue

250 ml (1 tasse) de glaçons

❶ Dans la jarre du mélangeur, liquéfier tous les ingrédients. Verser dans des verres et servir.

Chili dogs végétariens

Avec ce chili qui se prépare rapidement, vous aurez de quoi préparer de huit à dix chili dogs.
Les restes se congèlent jusqu'à trois mois.

4 SANDWICHS • PRÉPARATION : 20 MINUTES • CUISSON : 1 HEURE 20 MINUTES

Chili

1 oignon, haché finement

½ poivron rouge, haché finement

½ poivron orange, haché finement

45 ml (3 c. à soupe) d'huile d'olive

3 gousses d'ail, hachées finement

2 c. à thé (à café) de poudre de cacao

2 c. à thé (à café) de cumin moulu

2 c. à thé (à café) de poudre chili

1 c. à thé (à café) de coriandre moulue

500 ml (2 tasses) de sauce tomate

250 g (1 tasse) de haricots pinto, cuits et égouttés

250 g (1 tasse) de haricots noirs, cuits et égouttés

Sel et poivre du moulin

Hot dogs végétariens

4 saucisses végétariennes de type bratwurst

4 pains à sous-marin de blé entier

250 g (1 tasse) de fromage de soya*, râpé

Chili

❶ Dans un faitout, cuire l'oignon et les poivrons dans l'huile d'olive à feu moyen pendant 8 minutes. Ajouter l'ail et poursuivre la cuisson pendant 2 minutes. Ajouter les épices et la coriandre, et bien mélanger.

❷ Ajouter la sauce tomate, réduire le feu à moyen-doux et cuire pendant 30 minutes. Ajouter les haricots pinto et les haricots noirs, bien mélanger et poursuivre la cuisson pendant 20 minutes. Retirer du feu et rectifier l'assaisonnement.

Hot dogs végétariens

❸ Entre-temps, chauffer une poêle à feu moyen-vif et griller les saucisses pendant environ 10 minutes.

❹ Préchauffer le four à 220 °C/425 °F/th 7. Couper les pains à l'horizontale et disposer à plat sur une plaque de cuisson. Couvrir la partie inférieure de chaque pain avec le chili. Sur la partie supérieure, ajouter le fromage de soya, puis la saucisse.

❺ Cuire au four pendant 10 minutes. Au besoin, passer sous le gril pour faire gratiner le fromage. Servir immédiatement.

✳ **FROMAGE DE SOYA**

La texture de ce fromage qui ne contient pas de produits laitiers imite celle du véritable fromage. Vous en trouverez dans tous les supermarchés et dans les magasins d'alimentation naturelle. Il convient aux végétaliens et aux personnes intolérantes au lactose.

Sandwichs ouverts à la bruschetta gratinée

Ces sandwichs, très faciles à faire, sont au mieux durant la saison des tomates.
Utiliser des tomates rouges du jardin, de préférence à celles qui poussent en serre. Vous pouvez aussi
servir ces sandwichs ouverts à l'heure du cocktail, sur des moitiés de pains à miniburgers.

8 SANDWICHS OUVERTS • PRÉPARATION : 20 MINUTES • CUISSON : 20 MINUTES

Bruschetta

4 tomates rouges bien mûres, coupées en 2

2 échalotes sèches, hachées finement

4 gousses d'ail, écrasées et hachées finement

1 c. à thé (à café) de feuilles de thym frais

2 c. à thé (à café) de feuilles de basilic, hachées finement

8 g (2 c. à soupe) de persil italien, haché finement

30 ml (2 c. à soupe) de vinaigre de vin rouge

60 ml (4 c. à soupe) d'huile d'olive vierge

Sel et poivre du moulin

Sandwichs

4 pains ciabattas

60 g (4 c. à soupe) de pesto

250 g (8 oz) de gruyère, râpé

125 g (4 oz) de parmegiano reggiano, râpé

Bruschetta

❶ Presser légèrement les tomates au-dessus d'un bol pour retirer les graines et l'eau de végétation. Hacher la chair finement et mettre dans un bol. Ajouter le reste des ingrédients de la bruschetta et remuer délicatement. Réserver à température ambiante.

Sandwichs

❷ Préchauffer le four à 200 °C/400 °F/th 6. Couper les ciabattas en 2 à l'horizontale. Couper un peu de la croûte, au besoin, pour que les pains tiennent bien à plat. Déposer sur une plaque de cuisson et cuire pendant 5 minutes pour sécher le pain légèrement. Retirer du four et laisser refroidir à température ambiante. Tartiner les pains avec le pesto.

❸ Répartir la bruschetta sur les moitiés de ciabattas. Parsemer de fromage et cuire pendant 10 minutes. Terminer la cuisson sous le gril pendant 5 minutes ou jusqu'à ce que le fromage soit fondu et doré. Servir avec une salade de radicchio et d'olives farcies.

Pains plats au caviar d'aubergine et aux grains de grenade

Cette recette est délicieuse à l'heure de l'apéro, avec un verre de rosé. Pour un repas complet, servir avec un assortiment de poissons fumés et des crudités. La texture fondante des poissons se marie bien à celle du caviar d'aubergine, tandis que leur saveur de fumée offre un agréable contraste avec la fraîcheur et le croquant des grains de grenade.

4 SANDWICHS • PRÉPARATION : 35 MINUTES • CUISSON : 1 HEURE
RÉFRIGÉRATION : 1 HEURE • REPOS : 30 MINUTES

2 aubergines moyennes, coupées en 2 sur la longueur

8 gousses d'ail, pelées et écrasées avec le plat du couteau

125 ml (½ tasse) d'huile d'olive, divisée

2 ciboules avec les tiges, hachées finement

½ botte (½ tasse) de persil frisé, haché finement

1 c. à thé (à café) de cumin moulu

½ c. à thé (à café) de flocons de piment

60 ml (4 c. à soupe) de jus de citron

30 ml (2 c. à soupe) de tahini

125 g (½ tasse) de yogourt nature

30 ml (2 c. à soupe) de mayonnaise

Sel et poivre du moulin

250 g (1 tasse) de grains de grenade, divisés

15 g (1 c. à soupe) de graines de sésame, pour garnir

4 pains plats azymes* de blé entier (ou pitas)

✳ PAINS AZYMES

Pains sans levure à base de farine de blé entier et d'eau traditionnellement consommés durant la pâque juive. Vous les trouverez au rayon de la boulangerie de plusieurs supermarchés et dans les épiceries spécialisées dans l'importation de produits du Moyen-Orient.

❶ Préchauffer le four à 180 °C/350 °F/th 4. Quadriller la chair des aubergines à l'aide d'un couteau bien aiguisé. Insérer l'ail dans les interstices. Badigeonner avec la moitié de l'huile et déposer à plat sur une plaque de cuisson couverte de papier parchemin. Piquer la peau des aubergines avec une fourchette.

❷ Cuire au four pendant 1 heure ou jusqu'à ce que les aubergines soient très tendres. Retirer du four et laisser refroidir pendant 30 minutes à température ambiante. À l'aide d'une cuillère, évider les moitiés d'aubergine et déposer la chair dans le bol du robot culinaire. Ajouter le reste des ingrédients, puis saler et poivrer, au goût.

❸ Actionner le robot culinaire en pulsant à quelques reprises, de manière à réduire la préparation en purée grossière. Ne pas trop pulser. Au besoin, remuer la préparation à l'aide d'une spatule. Verser dans un bol, couvrir d'une pellicule de plastique et laisser reposer 1 heure au réfrigérateur pour permettre aux saveurs de se mélanger.

❹ Au moment de servir, ajouter la moitié des grains de grenade et mélanger délicatement. Garnir avec le reste des grains de grenade et parsemer de graines de sésame. Disposer le plat sur la table avec le pain et laissez vos invités se servir.

Burgers végétariens garnis

4 BURGERS • **PRÉPARATION : 45 MINUTES** • **CUISSON : 35 MINUTES** • **RÉFRIGÉRATION : 30 MINUTES**

Croquettes

1 tige de céleri, hachée finement

2 échalotes sèches, hachées finement

30 ml (2 c. à soupe) d'huile d'olive, divisée

2 gousses d'ail, écrasées et hachées finement

1 carotte moyenne, râpée finement

250 g (1 tasse) de riz brun, cuit et égoutté

250 g (1 tasse) de lentilles du Puy, cuites et égouttées

30 g (½ tasse) de chapelure de blé entier

15 ml (1 c. à soupe) de moutarde de Dijon

15 ml (1 c. à soupe) de ketchup (ou de sauce chili)

15 g (4 c. à soupe) de persil frisé, haché finement

1 pincée de poivre de Cayenne

1 œuf, légèrement battu

1 c. à thé (à café) de sel de céleri

30 g (½ tasse) de chapelure japonaise panko

Burgers

4 pains empereurs

60 ml (4 c. à soupe) de relish

60 ml (4 c. à soupe) de mayonnaise

60 ml (4 c. à soupe) de moutarde, au choix

4 tranches de cheddar fort

½ oignon rouge, en fines rondelles

2 cornichons à l'aneth, en tranches fines

1 tomate, en tranches fines

Croquettes

❶ Dans une poêle, faire suer le céleri et les échalotes sèches dans la moitié de l'huile d'olive pendant 8 minutes à feu moyen-doux. Ajouter l'ail et la carotte, et cuire pendant 2 minutes. Retirer du feu et laisser refroidir légèrement.

❷ Dans un bol, mélanger le riz, les lentilles et les légumes sautés avec le reste des ingrédients, sauf le panko. Avec les mains mouillées, façonner 4 grosses croquettes. Enrober les croquettes de panko. Placer dans une assiette et laisser prendre au réfrigérateur pendant 30 minutes.

❸ Dans une poêle antiadhésive, chauffer le reste de l'huile d'olive à feu moyen et griller les croquettes pendant 10 minutes. Retourner et poursuivre la cuisson pendant 10 minutes.

Burgers

❹ Entre-temps, préchauffer le four à 180 °C/350 °F/ th 4. Couper les pains à l'horizontale et faire griller pendant 5 minutes. Tartiner la partie inférieure des pains avec la relish, puis la partie supérieure avec la mayonnaise et la moutarde. Déposer les croquettes sur la partie inférieure des pains, garnir avec le fromage, l'oignon, les cornichons et les tranches de tomate. Refermer les burgers en pressant légèrement et servir avec des frites et de la bière.

Pains empereurs à la mousse de haricots blancs, garniture d'herbes fraîches

4 SANDWICHS • PRÉPARATION : 15 MINUTES • CUISSON : AUCUNE

500 g (2 tasses) de haricots blancs, cuits et égouttés

60 ml (4 c. à soupe) de crème de soya non sucrée*

1 c. à thé (à café) d'huile de truffe blanche

Sel et poivre blanc

15 g (4 c. à soupe) d'aneth frais, haché finement

15 g (4 c. à soupe) de coriandre, hachée finement

15 g (4 c. à soupe) de menthe fraîche, hachée finement

15 g (4 c. à soupe) de ciboulette, ciselée finement

8 g (2 c. à soupe) de persil frisé, haché finement

6 tomates cerises, épépinées et hachées finement

4 pains empereurs de blé entier au sésame

❶ Dans le bol du robot culinaire, réduire en purée légère les haricots, la crème de soya et l'huile de truffe. Au besoin, ajouter un peu plus de crème de soya. Saler et poivrer, puis ajouter le reste des ingrédients, sauf les pains empereurs. Mélanger délicatement.

❷ Couper les pains à l'horizontale et tartiner généreusement avec la mousse de haricots blancs. Servir avec une salade de céleri rémoulade, si désiré.

✳ **CRÈME DE SOYA NON SUCRÉE**

La crème de soya a la même texture que la crème épaisse (à fouetter), mais elle ne contient pas de gras saturés. Vous la trouverez au rayon des produits naturels de la plupart des supermarchés. Assurez-vous de choisir une crème de soya non sucrée.

Grilled cheese au comté et aux pommes caramélisées

4 GRILLED CHEESE • PRÉPARATION : 30 MINUTES • CUISSON : 30 MINUTES

Pommes caramélisées

45 g (3 c. à soupe) de beurre

1 pomme Honey Crisp, épépinée et coupée en 12 quartiers

30 ml (2 c. à soupe) de miel liquide

1 c. à thé (à café) de cannelle moulue

1 pincée de clou de girofle moulu

Sandwichs

4 tranches de pain aux noix

180 g (6 oz) de comté, en tranches fines

30 g (2 c. à soupe) de beurre pommade, divisé

Pommes caramélisées

❶ Dans une poêle, fondre le beurre à feu moyen. Ajouter les quartiers de pomme et cuire pendant 5 minutes. Ajouter le miel, la cannelle et le clou de girofle. Augmenter le feu à moyen-vif et cuire pendant 5 minutes. Retirer du feu et réserver.

Sandwichs

❷ Beurrer 2 tranches de pain et déposer sur une planche ou dans une assiette, le côté beurré en dessous. Répartir la moitié des tranches de fromage sur le pain, puis les quartiers de pomme. Ajouter le reste du fromage, refermer les grilled cheese avec les tranches de pain restantes et tartiner avec le reste du beurre.

❸ Préchauffer le presse-panini à feu moyen ou une poêle antiadhésive. Déposer les 2 sandwichs sur la surface de cuisson. Refermer le presse-panini et cuire pendant 15 à 20 minutes ou jusqu'à ce que le fromage soit fondu et le pain, croustillant et grillé. Si une poêle est utilisée, prendre soin d'aplatir régulièrement les grilled cheese à l'aide d'une spatule ou de placer une assiette et un léger poids sur les sandwichs. Retourner après 10 minutes de cuisson et cuire de 5 à 10 minutes supplémentaires ou jusqu'à ce que le fromage soit fondu et le pain, bien doré.

❹ Retirer du feu et couper en 2 à l'aide d'un couteau dentelé. Servir.

Sandwichs aux lentilles et au chou-fleur rôti

4 SANDWICHS • PRÉPARATION : 40 MINUTES • CUISSON : 15 MINUTES

500 g (2 tasses) de chou-fleur, en petits bouquets

60 ml (4 c. à soupe) d'huile d'olive vierge, divisée

1 c. à thé (à café) de cumin moulu

250 g (1 tasse) de lentilles rouges, cuites et égouttées

Le zeste de 1 citron

60 ml (4 c. à soupe) de mayonnaise

30 ml (2 c. à soupe) de câpres, égouttées et hachées finement

Sel et poivre du moulin

4 petits pains ronds

30 ml (2 c. à soupe) de mouhamara

❶ Préchauffer le four à 220 °C/425 °F/th 7. Dans un bol, mélanger le chou-fleur avec la moitié de l'huile d'olive et le cumin. Disposer sur une plaque de cuisson recouverte de papier parchemin et cuire au four pendant 10 minutes ou jusqu'à ce que le chou-fleur soit doré. Au besoin, passer sous le gril. Retirer du four et laisser refroidir à température ambiante.

❷ Dans un autre bol, mélanger les lentilles, le zeste de citron, la mayonnaise et les câpres avec le reste de l'huile d'olive. Saler et poivrer, au goût. Ajouter le chou-fleur et mélanger délicatement.

❸ Couper les pains à l'horizontale et faire griller au four pendant 3 à 5 minutes. Tartiner les faces intérieures avec le mouhamara. Répartir le mélange de lentilles sur la partie inférieure des pains. Refermer et servir.

Index

Index

Vous aimez la soupe et les arômes envoûtants qu'elle répand dans toute la maison? Vous aimez régaler votre famille et vos amis avec des plats réconfortants tout-en-un sans passer des heures dans la cuisine? Vous souhaitez manger sainement et intégrer davantage de légumes à votre alimentation?

Anne-Louise Desjardins a préparé 100 recettes de soupes-repas en s'inspirant des saveurs d'ici et d'ailleurs et de ses souvenirs d'enfance : **soupe-repas** du matin de Noël, **potage-repas** du temps des pommes, **laksa** au cari comme à Singapour, **gombo cajun** aux crevettes et au poulet, **bortsch** d'hiver ukrainien, **crème** de tomates aux fèves edamames, **soupe au porc rôti** et aux vermicelles de riz, **dhal** indien aux lentilles jaunes et aux poivrons, **soupe aux haricots** noirs avec une touche brésilienne, **chaudrée** de maïs au brocoli et au cheddar comme à Boston, **soupe créole** aux haricots rouges, **crème de lentilles** épicée au citron.

Ce vaste choix vous fera visiter le monde en vous régalant à peu de frais avec des ingrédients faciles à trouver. Nul doute que les superbes photos signées Dominick Gravel vous mettront l'eau à la bouche et vous donneront envie de sortir vos chaudrons !

En vente partout où l'on vend des livres et sur
www.saint-jeanediteur.com

Crème d'asperge au poulet

6 À 8 PORTIONS • PRÉPARATION : 25 MINUTES • CUISSON : 55 MINUTES

1,5 kg (3 lb) d'asperges, parées

1 gros oignon, haché finement

2 échalotes sèches, hachées finement

2 branches de céleri avec les feuilles, hachées finement

45 ml (3 c. à soupe) d'huile d'olive

½ c. à thé (à café) de poivre de Cayenne

125 ml (½ tasse) de vin blanc sec

750 ml (3 tasses) de bouillon de poulet

375 g (12 oz) de poitrines (blancs) de poulet, cuites et effilochées

500 à 750 ml (2 à 3 tasses) de crème à café (10 %) ou de crème légère (15 %)

Sel et poivre du moulin

125 g (½ tasse) d'amandes effilées, rôties à la poêle

❶ Couper les asperges en tronçons de 5 cm (2 po). Réserver les pointes. Dans un faitout, faire revenir l'oignon, les échalotes et le céleri dans l'huile pendant 5 minutes à feu moyen-vif. Ajouter les tronçons d'asperges et la moitié des pointes, et poursuivre la cuisson pendant 5 minutes. Ajouter le poivre de Cayenne et bien mélanger.

❷ Déglacer avec le vin blanc, mouiller avec le bouillon et amener à ébullition à feu moyen-vif. Réduire le feu et cuire jusqu'à ce que les légumes soient très tendres, pendant environ 10 minutes. Retirer du feu et réduire en purée au mélangeur, en prenant soin de ne remplir la jarre qu'à moitié, pour éviter les éclaboussures.

❸ Entre-temps, cuire le reste des pointes d'asperges à la vapeur ou au four à micro-ondes jusqu'à ce qu'elles soient juste al dente (3 à 4 minutes). Plonger aussitôt dans un bain d'eau glacée pour arrêter la cuisson et fixer la couleur. Éponger avec des essuie-tout et réserver pour la garniture.

❹ Remettre la purée d'asperge dans le faitout. Saler et poivrer. Ajouter le poulet cuit et amener à ébullition à feu moyen. Ajouter la crème progressivement, jusqu'à l'obtention de la consistance désirée. Réduire le feu et réchauffer juste sous le point d'ébullition. Servir dans des bols et garnir avec les pointes d'asperge et les amandes rôties.

Variante

Pour les jours de semaine, quand vous avez peu de temps, vous pourrez nourrir 4 personnes en passant 2 petites boîtes d'asperges cuites (avec leur jus) et 2 boîtes de crème d'asperges du commerce au mélangeur. Chauffer, ajouter 225 g (8 oz) de poitrines (blancs) de poulet cuites, en dés, et servir.